Svenja Hofert

●

Survival-Guide für
Selbständige

Svenja Hofert

Survival-Guide für Selbständige

Raus aus tückischen Fallen: Für mehr Geld, mehr Zeit, mehr Leben

Linde
international

Bibliografische Information der Deutschen Nationalbibliothek

Die Deutsche Nationalbibliothek verzeichnet diese Publikation in der Deutschen Nationalbibliografie; detaillierte bibliografische Daten sind im Internet über http://dnb.d-nb.de abrufbar.

ISBN 978-3-7093-0353-5

1210 Wien, Scheydgasse 24, Tel.: 0043/1/24 630
www.lindeverlag.de
www.lindeverlag.at

Umschlag: buero8
Satz: Hannes Strobl, Satz·Grafik·Design, 2620 Neunkirchen
Druck: Hans Jentzsch & Co. GmbH, 1210 Wien, Scheydgasse 31
1

Inhalt

II. SURVIVAL NACH FALLSTRICKEN

Vorwort

Liebe Kämpfer im Selbständigen-Dschungel, liebe Erfolgshungrige,

Sie sind gemeint. Sie haben zu diesem Buch gegriffen, weil irgendetwas in Ihrem Selbständigen-Leben noch nicht hundertprozentig ist. Ich nehme an, dass Sie die erste Durststrecke hinter sich haben. Vielleicht sind Sie auch schon über den einen oder anderen Erfolgshügel gesprungen – danach aber in einem kleinen oder großen Tal gelandet. So ist das immer: Es geht nicht nur nach oben, irgendwann kommt auch wieder ein Knick. Meist hängt das damit zusammen, dass Sie vorher so erfolgreich waren. Dass Sie weder akquirieren noch sich sonst wie besonders anstrengen mussten. Ihr Unternehmen lief einfach irgendwann. Und dann plötzlich nicht mehr.

Vielleicht schlagen Sie sich aber auch schon von Anfang an durch ein Dickicht.

Da gibt es Kunden, die immer mehr und immer zu viel von Ihnen verlangen und Sie aussaugen wie eine Auster. Da sind Auftraggeber, die sich weigern, ordentliche Honorare zu zahlen, und Sie am ausgestreckten Arm verhungern lassen. Da ist das Finanzamt, der Geschäftspartner, die Mitarbeiter … und immer wieder der eigene innere Schweinehund. Es könnte mehr Geld da sein. Es wäre gut, wenn Sie mehr Zeit hätten. Und irgendwie kommt auch der Rest des Lebens zu kurz. Herzlich willkommen auf unserer Dschungeltour.

Ich habe diese Tour für fortgeschrittene Selbständige geplant, die schon mehr oder weniger unternehmerische Erfahrung haben. Mit Selbständigen meine ich dabei sowohl Freiberufler als auch gewerbliche Unternehmer ganz ohne oder mit bis zu zehn Mitarbeitern – den Otto-Normalselbständigen also. Angesprochen sind auch Teilzeit-Selbständige, denn alle Regeln gelten auch für sie. Reisen Sie entlang der 73 typischsten Fallstricke selbständiger Existenzen und lernen Sie, sie zu überspringen.

Auf dieser Überlebenstour sammeln Sie keine abstrakten Tipps, die Sie überall lesen können, sondern stecken wertvolles Erfahrungswissen in Ihren Rucksack. Blüten aus nunmehr elf Jahren meiner beruflichen Praxis. Mit vielen Fallbeispielen und „Best Practices" lernen Sie von mir und anderen. Mein Ziel ist es, Sie auf Ideen zu bringen, ohne Ihnen jedoch jeden Zweig aus dem Weg zu schlagen. Sie sollen das Rüstzeug in die Hand bekommen, sich Ihren eigenen Pfad zu bahnen. Hilfe zur Selbsthilfe, wenn Sie so wollen.

Unternehmen Sie mit mir eine Reise zum Erfolg!

Herzliche Grüße

Svenja Hofert

1. Mehr Geld

Was ärgert Sie persönlich am meisten? Ich wette, es hat mit Geld zu tun. 80 Prozent meiner Kunden wollen mehr Geld oder weniger Arbeit oder beides. Geld ist verknüpft mit vielen anderen unternehmerischen Themen. Darum geht es in diesem Kapitel. Kommen Sie mit.

Raus aus ... der Low-Budget-Auftragsfalle

Ich verdiene zu wenig.

Gestern träumte ich von einem überquellenden Portemonnaie mit lauter großen Scheinen. Bin ich reich? Reich an Erfahrung vielleicht. Wer richtig viel Geld verdienen möchte, sollte gar nicht erst mit dem Bücherschreiben anfangen. Es gibt auch lukrativere Geschäftsfelder als Unternehmensberatung und Coaching. Doch ich wollte immer selbständig sein und habe diese Entscheidung keine Sekunde bereut. So geht es den meisten Selbständigen. Sie gründen nicht aus Not, sondern aus Überzeugung. Geld ist schön, aber meist nicht die zentrale Antriebskraft, das Projekt Selbständigkeit in Angriff zu nehmen. Und deshalb ist das mit den reichen Selbständigen auch ein Gerücht, das sich zwar hartnäckig hält, aber auch nicht mehr ist als eben ... ein Gerücht. Zumindest in den ersten Jahren und in vielen Branchen wird niemand reich. Zwar liegt das durchschnittliche monatliche Bruttoeinkommen von Selbständigen bei 4.000 Euro und damit deutlich höher als das der Angestellten (2.500 Euro)[1], doch ist die Spannweite zwischen den Einkünften riesengroß. Und was ist mit dem Risiko, das Unternehmer tragen und das nach einem finanziellen Ausgleich verlangt?

Wenige Gutzahler

Wenn ich freiberuflich oder gewerblich selbständige Personen frage, was sie am meisten an ihrer Situation stört, so höre ich oft die Antwort: „dass ich zu wenig Geld verdiene". Wer keine finanziellen Probleme hat, arbeitet für gut zahlende Branchen wie Automotive und Telekommunikation, ist ein Social-Media-Crack oder kommt aus dem technischen Bereich oder/und der Beratung. Mit hoher Wahrscheinlichkeit sind die Gutverdiener spezialisiert und haben eine Nische für sich entdeckt und besetzt. Doch wie viele können das von sich sagen? Außerdem: Spezialisiert ist man nicht von jetzt auf gleich, und Nischen finden sich

[1] www.statista.de

auch nicht auf Befehl. Der Weg hin zum gut aufgestellten, spezialisierten Selbständigen ist ein Prozess, der oft Jahre dauert, manchmal sogar Jahrzehnte. Es gibt eine einfache Regel, die positiv ausgedrückt so lautet – jedenfalls für jene Unternehmer, die nichts herstellen, sondern ihr Wissen und ihre Kreativität verkaufen: Je größer und spezieller die Berufserfahrung und die Anzahl der Kontakte, desto schneller gelingt der Start. Und umgekehrt: Je geringer und allgemeiner die Berufserfahrung und die Kontakte, desto länger brauchen Sie, bis Sie erfolgreich sind.

Honorarzaubereien

Ich arbeite für eine Flatrate.

Es gibt viele Gründe, warum zu wenig Geld aufs Konto kommt: fehlende Spezialisierung, zu viel Konkurrenz, schlechte Organisation – aber auch schlicht Naivität. Meine Hitliste der unternehmerischen Fehler führt die „Flatrate" an. Viele Selbständige verkaufen sich für einen Tagessatz, was etwa im Agenturwesen oder der Beratung üblich ist. Das an sich ist noch kein Problem. Doch anstatt den Tag nach acht Stunden zu beenden, arbeiten sie (nahezu) unbegrenzt und lassen sich die weiteren Stunden nicht bezahlen. Natürlich machen die Auftraggeber einen auf so etwas nicht aufmerksam. Für diese sind Flatrates das Nonplusultra.

Wenn Sie ein Flatrate-Opfer sind, müssen Sie selbst aktiv werden. Das ist in diesem Fall vergleichsweise einfach: Sprechen Sie mit Ihrem Kunden und wandeln Sie die Flatrate in ein klar umrissenes Angebot um. Entweder acht Stunden pauschal plus jede weitere Stunde extra. Oder mehr Geld für die Flatrate. Kann sein, dass da ein langgedienter Altkunde erst einmal schluckt und Ihre neue Forderung entrüstet ablehnt – schließlich haben Sie es bislang billiger gegeben. Dann suchen Sie Kompromisse oder – falls diese wiederum unbefriedigend sind – einen neuen, besseren Auftraggeber.

Fallbeispiel

Schauen wir uns Petra und Peter an, die beide in einer PR-Agentur arbeiten. Peter arbeitet zum Tagessatz von 350 Euro acht Stunden. Jede weitere Stunde lässt er sich mit 45 Euro vergüten. Petra arbeitet auch für 350 Euro, aber teilweise zwölf Stunden. Während Peter mit seiner Methode einen halbwegs akzeptablen durchschnittlichen Stundensatz erzielt, sieht es für Petra düster aus: Unter 30 Euro liegt dieser bei zwölf Stunden Arbeit. Mit einem einfachen Gespräch könnte sie dies ändern – und schon wäre sie raus aus der Falle.

Best Practice

Petra bereitet sich nach Rücksprache mit Peter generalstabsmäßig auf das Kundengespräch vor. Auf jeden Fall will sie daraus ein positives Ergebnis mitnehmen. Sie setzt sich ein Idealziel, das lautet: 350 Euro wie bisher sowie 50 Euro für jede weitere Stunde. Das ist angemessen, weil Arbeit am späteren Abend ruhig etwas teurer sein darf und den acht Stunden logischerweise auch eine Mittagspause eingespeist sein sollte. Als Alternative bereitet sie verschiedene Szenarien vor: Erhöhung auf pauschal 420 Euro Tagessatz oder auf 45 Euro pro Stunde. Schlau wie sie ist, errechnet sie auch gleich die entsprechenden Prozentzahlen für die angestrebten Erhöhungen – von 350 auf 420 Euro bedeutet einen Zuwachs von knapp 20 Prozent. Diese Werte parat zu haben ist wichtig, weil sie weiß, dass der Auftraggeber gern mit Zahlen jongliert. Und so sieht ihre Vorbereitung im Überblick aus:

	Honorar
Idealziel	350 Euro für 8 Stunden, jede weitere 50 Euro
Kernziel	350 Euro für 8 Stunden, jede weitere 45 Euro
Ausstiegsziel	420 Euro für einen kompletten Tag

Geld und Wert

Ungünstige Flatrate-Vereinbarungen sind nicht Ihr Problem? Dann machen wir erst mal Ihre Türe auf. Eventuell stapelt sich dahinter nämlich eine Menge persönlicher Ballast, der schwer auf das Honorar drückt. Lassen Sie uns diesen mit Schwung und Entschiedenheit entsorgen.

Es gibt einen wesentlichen Faktor, der Höhenflüge beim Honorar verhindert: zu geringes Selbstwertgefühl. Manche Selbständige behaupten zwar, Geld sei ihnen nicht wichtig. Doch das glaube ich gerade Ihnen nicht. Wenn das wirklich der Fall wäre, würden Sie dieses Kapitel nicht lesen. Nein, Geld ist Ihnen wichtig, aber Sie trauen sich nicht, das zuzugeben. Vielleicht überlagern auch der Anstand und eine vermeintliche Menschenliebe Ihr Streben nach Kassen-Optimierung. Das ist auch gar nicht schlecht, denn den Geldtrieb gilt es in Balance zu halten, mit Blick auf den Kunden und seine Bedürfnisse. Auch durch die Eltern anerzogene Glaubenssätze (nach dem Motto: „Wer hohe Honorare nimmt, handelt unmoralisch.") können Ihr Verhältnis zum Geld ganz erheblich beeinflussen.

Gerade Frauen schieben ihre fehlende Orientierung auf das Finanzielle oft auf einen nicht vorhandenen Geldtrieb, doch das ist Selbstbetrug. Der wahre Grund für den Verzicht auf Honorarteile oder die Nichtberechnung zentraler Tätigkeiten ist mangelnder Selbstwert. Viele Frauen trauen sich nicht, all das zu berechnen, was sie berechnen könnten. Sie denken: Besser, ich habe diesen Auftrag als gar keinen. Oder: Wenn ich zu viel fordere, dann bekommt jemand anderer den Job. Oder: Ich kann es mir nicht leisten, mehr zu verlangen. Und so weiter.

Fallbeispiel

Typisch ist der Fall der PR- und Marketingberaterin Silvia. Silvia hat einen Tagessatz von 500 Euro für eine Marketingberatung mit Texterstellung ausgehandelt. Das ist vergleichsweise viel für jemanden, der keinen Hintergrund als Werber hat. Aber dann passierte Folgendes: Ihr Auftraggeber hatte umfangreichen Gesprächsbedarf, bestellte sie ständig zu sich und warf einmal besprochene und für gut befundene Ideen immer wieder um. Das kann ich doch nicht in Rechnung stellen, sagte sich Silvia. Statt fünf Tagessätzen berechnete sie nur einen, weil sie das ***Gefühl*** hatte, dass ihre Arbeit nur einen Tagessatz wert gewesen sei. Der Rest hatte doch kein Ergebnis gebracht, wofür sie sich selbst die Schuld gab. Nun könnte Silvia schweigen und weitermachen. Doch ich wette, sie würde ihren Auftraggeber ziemlich schnell verlieren. Aber nicht etwa, weil dieser unzufrieden mit ihrer Arbeit ist! Nein, der wahre Grund wäre, dass diesem Silvias niedrige Honorarforderung seltsam vorkäme und er aufhören würde, ihre Arbeit wertzuschätzen.

Best Practice

Was Silvia tun muss? Ganz schnell das Gespräch mit ihrem Auftraggeber suchen, um zu klären, welche Erwartungshaltung dieser hat. Außerdem muss ausgesprochen sein, welche Dienstleistungen honoriert werden – und dass die Briefing- und Brainstorming-Gespräche selbstverständlich dazu gehören.

Ich traue mich nicht, alles zu berechnen.

Ihnen geht es ähnlich wie Silvia? Die Lösung liegt nahe: Arbeiten Sie an der Art, wie Sie Honorare stellen. Ihr Ziel muss sein, jene Leistung abgegolten zu bekommen, die Sie tatsächlich erbracht haben – sowohl zeitlich als auch finanziell. Tagessätze bieten viel Potenzial. Sie umfassen bei gesundem Menschenverstand immer acht Stunden (nie mehr – und wenn, müssen die darüber hinausgehenden Stunden bezahlt werden!). Dies beinhaltet auch Pausen und Zeiten des Nachdenkens. Vergleichen Sie sich doch mal mit einem Angestellten! Sie arbeiten ganz sicher effektiver und fokussierter und machen weniger Pausen.

Seien Sie also großzügig mit sich und gönnen Sie sich Entspannung zwischendurch.

Überlegen Sie außerdem, ob Sie auch wirklich alles berechnen, was Sie berechnen könnten. Telefonate, Vorbesprechungen, Briefings – all das ist Ihre Zeit. Die will bezahlt sein. Immer wieder treffe ich Selbständige, die sich zum Beispiel die Erstellung eines Konzepts nicht honorieren lassen. Sogar die Vorbereitung für Pitches, also den Wettbewerb um einen Auftrag im Namen einer Agentur oder andere Jobs, machen nicht wenige umsonst. Oft ohne dass der Auftraggeber dies gefordert hätte. Aber nein sagt auch niemand, wenn Sie ihm Ihre Arbeit einfach so anbieten. Würde ich auch nicht tun. Würde niemand.

Was können Sie tun?

Um zu klären, wie Sie Ihre Situation selbst ändern können, stellen Sie sich folgende Fragen:

- Was genau ist Ihr Honorarproblem?
  - Ist es die Tatsache, dass der einzelne Stunden- oder Tagessatz zu niedrig ist, oder vielmehr, dass Sie zu wenig berechnen? Oder beides?
- Gibt es andere Honorarmodelle, die attraktiver sind und besser zu Ihrer Arbeit passen?
  - Tages- und Stundensätze sind super für Menschen, die langsam arbeiten oder zumindest mittelschnell. Schnelligkeit hingegen wird damit bestraft. Hier könnte es sinnvoll sein, zu einer Pauschale zu greifen. Der Kunde findet das oft gut. Teilweise bietet sich auch so etwas wie eine Stand-by-Betreuung an, also eine Pauschale dafür, dass Sie Ansprechpartner sind, Fragen beantworten, für ein Unternehmen da sind – etwa im PR-Bereich.
- Können Sie verschiedene Honorarhöhen einführen?
  - Manche Solounternehmer üben verschiedene Tätigkeiten aus, die in einem größeren Unternehmen auch unterschiedlich bezahlt würden. Das Texten hat einen höheren Wert als das Korrigieren, das Organisieren ist wertvoller als das Administrieren, das Beraten kostet mehr als das Informieren, die kreative Ideenfindung ist teurer als die Reinzeichnung. Allerdings dürfen Sie nicht denselben Kunden mit zu vielen unterschiedlichen

Honorarsätzen verwirren – maximal drei. Darüber hinaus ist es psychologisch sinnvoll, dass Honorarsätze nicht meilenweit auseinander liegen. Wenn Sie sowohl die kreative Ideenfindung als auch das Korrektorat übernehmen, kann das über kurz oder lang unglaubwürdig wirken. Konzentrieren Sie sich dann besser auf teurere Jobs und geben Sie die preiswerten an Subunternehmer weiter.

Schauen wir uns noch mal genau den Optimierungsverlauf an:

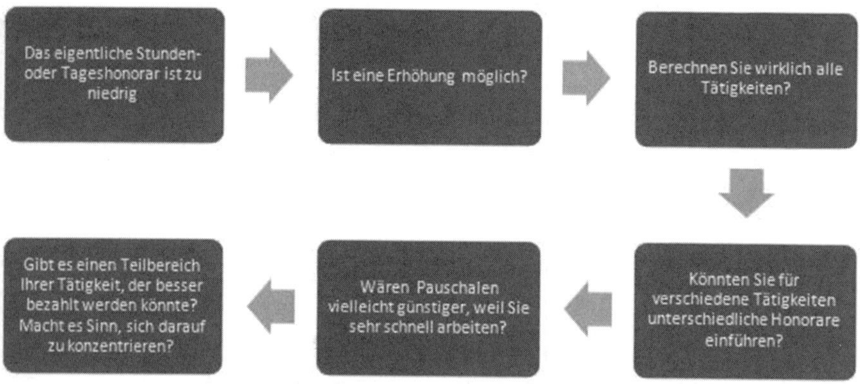

Variante 2: Das Honorar ist an sich okay, aber …

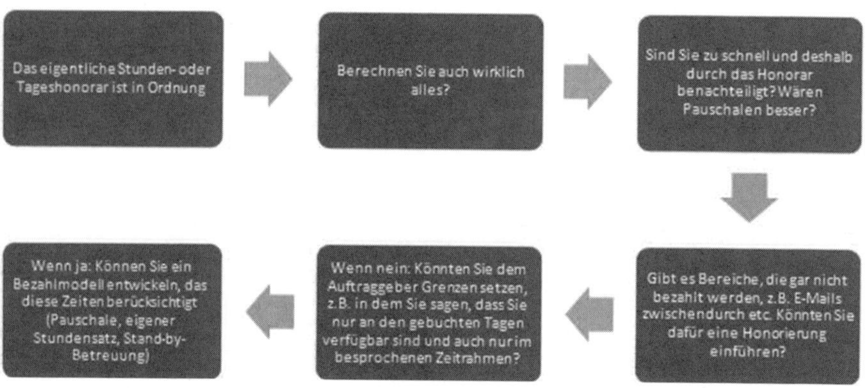

Die Kunden wollen alles umsonst.

Hier gibt es zwei Möglichkeiten: Sie haben die falschen Kunden oder aber Sie selbst legen den Fokus zu sehr auf Ihr Honorar. Wenn die Kunden das Problem sind, merken Sie das an deren Knickerigkeit. Falsche Kunden sind nicht bereit, für gute Arbeit zu bezahlen. Es geht ihnen nur darum, möglichst billige Dienstleister zu buchen.

Fallbeispiel

Christine arbeitet als Grafikerin für einen Unternehmensberater. Sie nennt ihn ihren „schlechten Kunden", weil er nur 25 Euro in der Stunde bezahlt, jedoch 40 Prozent ihres Umsatzes ausmacht. Außerdem ruft er andauernd an und beschwert sich über alles Mögliche und Unmögliche. Zu allem Überfluss bezahlt er Christines Rechnungen nicht. Verhandlungen bringen Christine nicht weiter. Ihr Kunde sagt klar: „Das sind einfache Aufträge in InDesign. Wenn ich Zeit hätte, könnte ich das selbst machen. Du bist ersetzbar."

Best Practice

Solche Kunden müssen Sie loswerden – am besten lange bevor Sie einen Teil Ihres Überlebens sichern. Ist das Kind einmal in den Brunnen gefallen, helfen nur Honorarverhandlungen. Dabei besteht das Risiko, dass Sie Ihren Kunden verlieren. Wenn das nicht geht, suchen Sie nach Alternativen, bevor Sie sich verabschieden. Christine zog nach mehreren Gesprächen das Fazit, dass bei diesem Kunden kein einziger Euro mehr herauszuholen sei. Im Zweifel würde er sich einen Studenten suchen. Also konzentrierte sie ihre Energie darauf, Außenstände einzutreiben und neue feste Auftraggeber zu gewinnen.

Geld durch Verzicht

Ich erlebe aber auch, dass Selbständige zu sehr auf Geld aus sind und die Balance zwischen Geben (sofern es dem Ziel der Kundenbindung dient) und Nehmen (also auch finanzielle Forderungen zu stellen) nicht halten. Deshalb möchte ich auch dieses Thema anbringen. Manchmal ist ein Verzicht auf Honorar eine gute Investition. Wenn ein Auftraggeber Sie noch nicht kennt und auch Ihre Referenzen keine zehnjährige Erfolgsgeschichte belegen, kann es sein, dass Sie eine Kostprobe bieten müssen.

Und dann gibt es auch noch die Fälle, in denen Sie Kunden durch geschickten Verzicht auf Honorarbestandteile an sich binden können.

Best Practice

Mein Mann hatte neulich sein sehr altes Auto in einer freien Werkstatt inspizieren lassen. Der Meister begutachtete den Wagen eine Stunde, um dann festzustellen, dass man den TÜV wohl vergessen könne. Für seine Arbeit wollte er kein Geld. Das scheint erst mal naiv, ist es aber nicht, denn mein Mann ist mit seinem neuen Auto und umfangreichem Reparaturbedarf wiedergekommen.

Es geht also nicht darum, das Honorar stets an die erste Stelle zu stellen und jedem Euro hinterherzulaufen. Vielmehr gilt es, abzuwägen: Langfristige Kundenbindung bringt immer mehr als kurzfristiges Abkassieren. Allerdings muss die Großzügigkeit Grenzen haben – dort, wo sie sich dauerhaft negativ auf Ihre Kassenlage auswirkt, ist sie eine Gefahr. In diesem Beispiel lautet das Best-Practice-Fazit jedoch: Das war preiswerte Werbung, die mehr bringt als jede Anzeige.

Dumping & Co.

Ich nehme so wenig, damit ich überhaupt Aufträge bekomme.

Die Modedesignerin Uta schildert ein Phänomen ihrer Branche: Niemand verrät dem anderen, was er – zum Beispiel für das Design eines Schlafanzugs für Tchibo – bekommt. Man tauscht sich nicht aus. Eine ähnliche Tendenz habe ich auch bei Architekten festgestellt. Irgendwie scheint in diesen Bereichen der Glaube vorzuherrschen, dass Schweigen vor Dumping schützt oder zumindest vor Konkurrenz. Natürlich ist dies ein Trugschluss. Nur wer weiß, welche Honorare üblich sind, kann sich daran orientieren. Andernfalls passieren Dinge, wie ich sie neulich von einem Medienverlag hörte. Dort hatte eine Freiberuflerin ein viel zu niedriges Angebot abgegeben, weil sie unbedingt den Job bekommen wollte. Die Folge war, dass der Verlag das Honorar aller bisherigen Auftragnehmer mit dem Argument drückte, es gäbe ja Menschen, die für viel weniger Geld arbeiteten.

Solidarität!

Ein wenig Solidarität bitte! Wo kommen wir hin, wenn der eine den anderen unterbietet? Vielleicht bringt Dumping hin und wieder einen Auftrag. Aber was haben Sie davon, wenn dies zu einer Honorarspirale führt, die auch Sie nach unten mitreißt? Sicher eine sehr schlechte Überlebenstaktik im Selbständigen-Dschungel. Dies gilt auch, wenn Sie Einsteiger oder Nebenberufler sind: Unterbieten Sie niemals die anderen, erst recht nicht in einem Niedrighonorarbereich. Sie drehen damit aktiv an der Preisschraube nach unten und damit an Ihrer eigenen Überlebensgrundlage.

Ich traue mich nicht, teurer zu sein.

In jeder Branche gibt es eine Honorarspanne, die Sie im Rahmen Ihrer Marktforschung hoffentlich bereits vor der Gründung ermittelt haben. Falls nicht oder wenn Sie bereits so lange selbständig sind, dass Sie die gängigen Honorare in Ihrer Branche aus den Augen verloren haben, sollten Sie das nachholen. Und sagen Sie nicht, man könne Honorare nicht herausfinden, weil niemand sie nennt. Manchmal müssen Sie eben kreativ und erfinderisch ein. Starten Sie Undercover-Anrufe und tarnen Sie sich als Interessent, wenn es nicht anders geht. Die Spanne zwischen den Honoraren ist in einigen Branchen größer und in anderen kleiner. Texter nehmen beispielsweise zwischen 25 und 120 Euro. Die sehr günstigen können Sie in der Regel von Ihrer Konkurrenzliste streichen, weil deren Honorare unter die Kategorie „nicht ernst zu nehmen“ fallen. Die sehr teuren waren bei renommierten Werbeagenturen wie Jung von Matt, haben dort bereits eine solide Texterkarriere hingelegt oder/und haben für bekannte Marken gearbeitet. Ganz oben ist für den Normaltexter also auch zu hoch.

Ihre Spanne

Bleibt eine realistische Spanne von 40 bis 90 Euro. Ermitteln Sie nun, wo Sie selbst stehen. Je mehr Pluspunkte Sie haben und je größer die Erfahrung, desto höher sollte auch Ihr Honorar liegen.

Honorarargument	Bewertung
Erfahrung	+++
Besonderes Talent	++
Referenzen (groß, bekannt)	+++
Spezialisierung	+++ (bereichsabhängig)
Auftreten	++

Kreativpreise

Ich rechne nicht nach Stundensatz ab und kann diesen deshalb auch nicht erhöhen.

Nun gibt es Branchen, in denen Sie nicht einfach nach Stunden oder Tagen abrechnen, sondern nach Pauschalen. Außerdem gibt es Preise oder Verkaufsprovisionen. Branchenspezifisch existieren auch Mischformen zwischen Stundensatz und Pauschalen, etwa bei Rechtsanwälten und Steuerberatern, die zu einem Teil durch Vergütungsordnungen in ihrer Gestaltungsfreiheit begrenzt sind.

Monatsgebühren & Co.

Überall lässt sich aber der benötigte und effektive monatliche Umsatz und Gewinn ausrechnen und von daher auch ein Tagessatz. Selbst wenn ich Fahrräder verleihe kann ich so errechnen, wie viel ich am Tag einnehme, und somit einen Tagessatz ermitteln. Haben Sie Mitarbeiter, lässt sich zusätzlich ein Umsatz/Gewinn pro Mitarbeiter ausrechnen. Logisch, dass dieser höher sein sollte als die Kosten des Mitarbeiters selbst.

Liegt Ihr Gewinn in einem Bereich, der Sie nicht befriedigt, überlegen Sie sich, ob dies auch an der Honorargestaltung liegen könnte und welche Möglichkeiten Sie haben, einzugreifen. So können Sie sich zusätzlichen Aufwand vergüten lassen oder aber Pauschalen berechnen, etwa dafür, dass Sie für Kunden laufend Ansprechpartner sind und E-Mails sowie Telefonanfragen beantworten. Das kostet dann eine Monatsgebühr. Auch ein Wartungsvertrag kann sinnvoll sein. So kann ein IT-Techniker mit vielen kleinen Kunden und einer geringen Monatsgebühr die Kosten für all die kleinen Telefon- und E-Mail-Anfragen reinholen, die sonst unbezahlt bleiben. Das folgende Beispiel von Mirco greift weitere Ideen auf.

Fallbeispiel

Steuerberater Mirco ist nett zu jedem Kunden, ob der nun einen Umsatz von 30.000 oder 300.000 Euro bringt. Gleichzeitig ist ihm sehr wohl bewusst, dass die Kunden mit 30.000 Euro oft unverhältnismäßig viel Arbeit machen. Sie fragen viel, rufen oft an und beklagen sich auch häufiger. Mirco nennt das sein „Kleine-Kunden-Problem". Obwohl sein Umsatz gut ist und er seine drei Mitarbeiter problemlos bezahlen kann, fühlt er sich völlig überlastet. Noch jemanden einzustellen wäre keine Lösung, denn bei vielen Fragen und Sorgen der „kleinen Kunden" ist er selbst gefragt, die Mitarbeiter sind mit ihnen überfordert. Eine Kundin, Inhaberin einer kleinen GmbH, hat so detaillierte Fragen, dass die Sachbearbeiterin diese nicht klären kann. Ihre Mails leitet sie immer wieder an Mirco weiter. Der ärgert sich über die Kosten, die ihm auf diese Weise entstehen.

Best Practice

Die Lösung? Mirco braucht ein neues Honorarsystem. Bisher dürfen Kunden im Rahmen ihrer monatlichen Buchhaltung so viele Fragen stellen, wie sie möchten. Das nehmen diese gern in Anspruch. Wenn sie für die Beratung jedoch bezahlen müssten, würden sie hier deutlich zurückhaltender sein. Mirco lässt einen Berater hinter die Kulissen schauen und ein Honoraroptimierungskonzept ausarbeiten. Danach bietet er seinen Mandanten individuelle Modelle an: Ein höherer monatlicher Satz beinhaltet die Möglichkeit, nachzufragen, ein niedrigerer schließt das aus, Beratung kostet hier extra. Darüber hinaus schult er seine Mitarbeiterin, damit diese demnächst komplexe Fragen auch selbst beantworten kann und ihn nicht einbinden muss.

Ich kann keine höheren Preise durchsetzen, weil meine Wettbewerber günstiger sind.

Sie haben keine Honorare, sondern verkaufen etwas zu einem bestimmten Preis? Bei Preisen sei das ganz anders, sagen Sie? Überhaupt nicht. Sofern Sie etwas vertreiben, was sich nicht direkt vergleichen lässt, haben Sie alle Möglichkeiten, müssen aber ganzheitlicher an das Thema herangehen. Damit meine ich, dass Sie nicht nur den Preis, sondern auch das Produkt und sein Umfeld berücksichtigen müssen.

Ich zum Beispiel verkaufe über meinen Shop Businesspläne, deren Preis über jenem mancher anderen Pläne liegt, die am Markt erhältlich sind. Ich habe es ausprobiert: Mit einer Preissenkung gewinne ich keine neuen Käufer. Die Kaufargumente sind vielmehr Transparenz und mein Alleinstellungsmerkmal: mein Name und die Tatsache, dass Kunden meine Businesspläne innerhalb von drei Tagen zurückgeben können, wenn sie ihnen nicht zusagen. Ich kann mir außerdem erlauben, etwas teurer zu sein, weil die Inhalte speziell auf Wissensberufe wie Entwickler oder Berater zugeschnitten sind und mein Markenname dahinter steht. Sie sehen: Gute Argumente erhöhen den Preis.

Wenn Sie keine schlagkräftigen Gründe für einen höheren Preis haben, fangen Sie bei Ihrem Produkt an.

Ich zitiere hier noch einmal etwas Marketing für Einsteiger, falls Sie es noch nicht kennen. Der so genannte Marketingmix beinhaltet die vier Komponenten Produkt, Preis, Distribution und Kommunikation. Das heißt, Marketing ist keine reine Kommunikationsaufgabe, worunter etwa Werbung fällt. Marketing hat zentral etwas mit Produkt- und Preisgestaltung zu tun. Und wenn Sie die Frage, was Ihr Produkt teurer als die Produkte ihrer Konkurrenz machen könnte, nicht beantworten können, sollten Sie darüber nachdenken, Ihr Produkt zu verändern, anders zu verpacken, neue Services dazu zu tun. Oft liegt die Lösung in der Spezialisierung. Lesen Sie sich also das entsprechende Kapitel dazu durch.

Best Practice

Der bundesweit größte Online-Notebookhändler Notebooksbilliger.de entstand aus einem Systemhaus, das Hard- und Software verkaufte. Langsam verlagerte man den Schwerpunkt und mauserte sich zum Experten für preiswerte Notebooks – dem Systemhaus sagte man Adé. Durch die effektive Online-Bestellung sparte man Mitarbeiter- und Ladenkosten und konnte die Mini-Computer deshalb günstiger anbieten als die Großmärkte. Heute ist Notebooksbilliger der größte E-Commerce-Händler für Elektronik. Und das, weil die Inhaber schlau dachten und ihr Produkt veränderten und zuspitzten.

Preisargument	Bewertung
Alleinstellungsmerkmal	+++
Besonderer Service/Zusatzangebote	++
Spezialisierung	++

Menü delikat

Meine Angebote werden oft abgelehnt.

Oft geht es gar nicht ums Geld, sondern um das Angebot. Kennen Sie die Quote, mit der Ihre Angebote angenommen werden? Liegt diese bei fast 100 Prozent, sind Sie wahrscheinlich viel zu billig – denn bei Ihnen sagt jeder ja, was ein (zu) gutes Zeichen ist. Liegt die Angebotsannahmequote unter 30 Prozent, stimmt etwas nicht, und Sie sollten handeln. Dann sind Sie entweder zu teuer oder zu kompliziert. In den meisten Branchen wird jedes zweite bis dritte Angebot angenommen. Das ist ganz normal. Es sollte auch Politik sein, lieber mal ein Nein zu hören, als zu günstige Preise zu bieten. Schnäppchenjäger gibt es nämlich überall. Nur, wenn Sie sich zum Schnäppchen machen lassen, spricht sich das schnell rum – und kaputt sind die Preise. Ein abgelehntes Angebot kann deshalb mittelfristig Ihr Gewinn sein. Schließlich ist etwas Teures meist auch attraktiver für andere, der Must-have-Effekt größer. Also: Schreiben Sie vernünftige Angebote und verabschieden Sie sich von dem Gedanken, jede Anfrage auch gleich in einen Auftrag ummünzen zu müssen.

Sehr oft ist die Ursache für die häufige Ablehnung von Angeboten nicht der eigentliche Preis, sondern der Aufbau des Angebots, der zu kompliziert oder zu intransparent ist.

Baukästen

Die Lösung ist einfach: Machen Sie es Ihren potenziellen Kunden leichter. Bewährt hat es sich, Angebote auf eine einzige Seite zu begrenzen anstatt sie auf mehreren Seiten auszuwälzen. Weiterhin empfehle ich, das Angebot im Baukastensystem zu gestalten. So können Sie einzelne Leistungen und eine Gesamtsumme aufführen. Der Kunde erhält den Eindruck, dass er König ist und auch kürzen darf. Das wollen alle Kunden. Bauen Sie deshalb immer auch einen Posten ein, der sich leicht wegstreichen lässt, weil er Ihnen nicht wehtut und dem Kunden nicht fehlt. Sie fühlen sich doch auch besser, wenn Sie sich selbst einbringen und mitbestimmen können. Geben Sie auch Ihrem Kunden die Möglichkeit dazu.

Formulieren Sie leicht verständlich und vermeiden Sie Fachvokabel, auch wenn sie noch so branchenspezifisch sind. Reinzeichnung ist etwa so ein Begriff aus der Grafikersprache, der branchenfremde Kunden und alle jenseits der Werbeindustrie Schachmatt setzt. Und dafür ist ein Angebot nun wirklich nicht da!

Überlegen Sie auch, ob es in Ihrem Fall Sinn macht, Stundenhonorare aufzuschlüsseln, oder ob es doch besser ist, gleich den Preis für das Gesamtwerk zu nennen, etwa die Erstellung einer Website. Otto Normalkunde kann sich unter „15 Stunden Javascript“ wenig vorstellen. Er interessiert sich dann für den Preis unterm Strich. Eine Stundenbasis macht Sie auch vergleichbar mit anderen. Stellen Sie sich vor, Sie kalkulieren 15 Stunden und Ihr Konkurrent nur acht. Der ahnungslose Auftraggeber wird sich fragen, warum Sie so lange und der andere so kurz braucht. Besser, solche Fragen kommen erst gar nicht auf. Eine Honorarliste sollten Sie trotzdem im Hintergrund parat halten, für sich selbst als Anhaltspunkt. Und immer ordentlich mit Mehraufwand rechnen und nicht zu knapp kalkulieren!

Die Niedrighonorarfalle

Ich arbeite in einem unterbezahlten Bereich. Da kann ich nicht mit Honorarerhöhung kommen.

Sie haben nun vor der eigenen Haustür gekehrt und an allen möglichen Schrauben gedreht? Da geht nichts mehr, sagen Sie? Lassen Sie uns auf unserem Optimierungsfeldzug mal weiterschauen. Kann es sein, dass Sie auf der dunklen Honorarseite des Arbeitslebens arbeiten? Wir leben in einer Welt, in der sich Gehälter wie auch Honorare ungerecht verteilen und die Schere immer weiter auseinander geht. Einige bekommen sehr viel Geld, zum Beispiel manche Informatiker, andere sehr wenig, etwa viele Kulturarbeitende. Nicht sehr schön ist zudem der Trend zu einer Art Leiharbeit auch für Selbständige. Da werden, um Scheinselbständigkeit zu vermeiden, GmbHs gegründet, die allein die Vermittlung von „Freelancern“ zum Geschäftsmodell erheben. In der IT-Branche gibt es das schon länger; aufgrund der überwiegend üppigen Honorare ist dies nur teils ein Problem. Doch die Verleih-GmbHs machen sich zum Beispiel auch unter Schlussredakteuren breit, die für Verlage arbeiten. Dort sind die Honorare auch schon ohne Vermittler niedrig, der neue Trend bedroht insofern Existenzen. Ich kann nur dazu raten, sich schnellstmöglich aus solch finanziell ungesunden Verhältnissen herauszuziehen.

Realitätsdusche

Eine echte Realitätsdusche erlebte ich, als eine junge Selbständige mir erzählte, dass sie für das Prüfen eines englischsprachigen Buchmanuskripts und die anschließende Gutachtenerstellung, in der sie dem Verlag empfiehlt, eine Lizenz zu kaufen oder eben nicht, insgesamt 80 Euro bekommt. Dafür arbeitet sie rund eine Woche. Das ist ökonomischer Wahnsinn. Wer so wenig bezahlt, rechnet damit, dass manche Menschen ihr Hobby zum Beruf machen möchten, und profitiert vom Überangebot. Teilweise wird rücksichtslos auf die Möglichkeit verwiesen, im Zweifel doch bitte Hartz IV zu beantragen, sich also Geld vom Staat zu holen, um sich dieses „Hobby" zu finanzieren. Dass hier Unternehmen aus der Pflicht entlassen und stattdessen der Steuerzahler zur Kasse gebeten wird, scheint manchem Auftraggeber ziemlich egal zu sein.

Dumping pur

Bei uns verdienen alle so wenig.

Extreme gibt es überall: 27 Euro für einen ganzen Zeitungsartikel oder 30 Euro für ein Foto, Tagessätze von 70 Euro ... mir sind viele ausbeuterische Honorare begegnet. Sicherheitshalber hier noch einmal eine Grundregel, die ich schon Existenzgründern beibringe: Niemals unter 250 Euro am Tag arbeiten, das rechnet sich nicht. Alle Honorare darunter sind Übergangshonorare. Sie können das mit einer kalkulatorischen Stundensatzkalkulation gern überprüfen. Diese errechnet, wie viel Sie allein aufgrund Ihrer Kosten einnehmen müssen. So einen Rechner finden Sie auf meiner Site www.gruenderreports.de. Oder Sie addieren ganz einfach sämtliche Kosten, privat und betrieblich, und rechnen dann mit Hilfe von www.abgabenrechner.de noch einmal die Einkommenssteuer dazu, die auf diese Summe fällig würde. Vergessen Sie nicht die ganzen Kleinigkeiten wie Urlaub, Rücklagen, private Rente und so weiter. Schließlich dividieren Sie das Ganze durch die Zahl der Tage, die Sie (honoriert) tätig werden können, meist kaum mehr als 100 bis 150, schließlich hat jeder Selbständige ja auch nicht fakturierbare Marketing- und Buchhaltungstage. Was rauskommt ist der kalkulatorische Tagessatz. Wenn Sie stundenbasiert arbeiten, teilen Sie diesen durch die Stundenzahl, die Sie an einem Tag wirklich berechnen könnten. Bei einem Unternehmensberater sind das kaum mehr als drei bis vier. Et voilá. Erschrocken über das Ergebnis? Und da soll sich noch mal jemand über zu hohe Beraterhonorare beklagen. Sie nicht mehr!

Schön billig

Leider gibt es eine verbindende Tatsache, die die Schlechtzahler in eine gute Position bringt. Es handelt sich immer um Branchen, in denen man gern und mit Leidenschaft am Werk ist. Das sind die „schönen" Branchen wie Architektur und Design, die „intellektuellen" Bereiche wie Kultur und Verlagswesen sowie die schicken Trendsetter, die Medien. Wer hier tätig ist, geht meist eher einer Leidenschaft als einer Arbeit nach – und das rächt sich beim Kontostand. Schöngeistiges wird ebenso wie Kreatives oft sehr schlecht bezahlt. Ein Blick in die Statistik der deutschen Künstlersozialkasse, die Publizisten, Schauspieler, Musiker und andere Kreative kranken- und rentenversichert, bringt Erschreckendes zutage: 13.575 Euro verdient der durchschnittliche KSK-Versicherte im Bereich „Wort" netto jährlich. Frauen dabei mit 12.764 Euro noch weniger als Männer mit 15.017 Euro[2]. Allerdings verhält es sich hier wie mit allen Durchschnittswerten – ganz wenig und sehr viel ergeben die Mitte. Die Spanne ist also sehr groß. Weiterhin werden Nebenberufler und Hauptverdiener in einen Topf geworfen. Und: Vielfach melden „Künstler" nicht ihre echten Einkommen, sondern untertreiben, um weniger Beiträge zahlen zu müssen. Dass es irgendwann eine Prüfung geben könnte, wird dabei gern verdrängt, zu selten dieser Fall. Doch die Wahrscheinlichkeit, sich als Kreativer eher am unteren Ende der Selbständigenverdienstlatte zu befinden, ist dennoch hoch, auch wenn der Durchschnitt der Einkommen faktisch höher liegen dürfte als in den Statistiken angegeben.

---

[2] Quelle: www.kuenstlersozialkasse.de

Ich arbeite in einer schwierigen Branche, in der wenig bezahlt wird.

Man kann eine einfache Gleichung aufziehen: Je beliebter ein Bereich ist, desto schlechter wird dort verdient. Einfach das Honorar erhöhen, funktioniert hier nicht, denn es finden sich hunderte Konkurrenten, die für jeden Hungerlohn fast alles machen würden. Das ist das Grundproblem der „bösen Branche und Bereiche“: ein deutliches Überangebot, zudem niedrige Eintritts-Schwellen und vergleichsweise leichter Zugang zu den Jobs. Texte lektorieren, um ein Beispiel zu nennen, können viele, oder sie meinen es zumindest. Yogakurse zu geben erfordert zwar Erfahrung, trotzdem gibt es genug, die es tun. Dennoch sind Sie den Niedrighonoraren nicht hoffnungslos ausgeliefert. Wenn Sie bei diesem Spiel nicht mehr mitmachen möchten, haben sie verschiedene Handlungsoptionen:

1. Lückensuchen
2. Schlau kopieren
3. Angebots-Spoiler
4. Dreibein
5. Plus-Kunden
6. Think big
7. Spitze!

Und nun eins nach dem anderen.

1. Lückensuchen

Ich habe keine Idee, wo und wie ich mehr verdienen kann.

Meist entdeckt man Marktlücken nicht, wenn man danach sucht. Sie zeigen sich – dafür müssen Sie allerdings genau hinschauen. Sie arbeiten und merken: Da fehlt etwas, da ist etwas nachgefragt, da könnte einiges besser-schneller-effizienter laufen. Gestern habe ich zum Beispiel festgestellt, dass auf dem Markt maßgefertigte Gardinenstangen fehlen. Nun kann ich diese Idee nicht realisieren, weil ich keine Ahnung von dem Business habe – vielleicht aber Sie?

Die Marktlücke kann sich in einem völlig fremden Bereich auftun oder, noch besser, in Ihrem vertrauten Umfeld. Das vertraute Umfeld ist meist ein Vorteil, da Sie sich bereits auskennen, Kontakte haben, Prozesse kennen.

Trends können beim Finden einer geeigneten Idee gute Wegweiser sein. Der Trend zum Hund als Kinderersatz hat massenweise Hundesitter auf den Markt geschwemmt. Der Trend zur Gesundheit brachte uns Biofutter für Hund und Katze – und Unternehmen, die damit viel Geld verdienen. Mehr als die Dienstleister, die Hunde ausführen, übrigens – weit mehr.

Vor nicht allzu langer Zeit begegnete mir ein Designer, der neben seinen grafischen Dienstleistungen besondere Kuchen verkaufte. Die Berlinerin Beate Westpfahl[3] backt Kekse für Unternehmen, die sich an Bahlsen satt gegessen haben und das Individuelle schätzen. Nebenbei berät sie Menschen auf dem Weg zu ihrem Traumberuf. Zumindest die Kekse sind eine Marktlücke, die eigenartige Kombination scheint es auch zu sein, weil's kein anderer macht. Natürlich braucht es seine Zeit, eine Marktlücke zu realisieren, vor allem wenn Sie weiter Geld verdienen und sich für das neue Vorhaben Freiräume schaffen müssen.

Best Practice

Jochen wollte eine Kampfschule für Führungskräfte eröffnen, in der diese lernen sollten, mit ihren Aggressionen strukturiert und nach fairen Regeln umzugehen. Er war aber als Trainer voll im Geschäft. Nur wenn er seine Aufträge reduzieren würde, könnte er sein Vorhaben realisieren. Also machte er eine ABC-Analyse, die gut bezahlte und angenehme (A), mittel bezahlte und mittel komfortable (B) und miese Aufträge ermittelte (weitere Informationen dazu finden Sie im Kapitel „Kick das C"). Dadurch erkannte er schwarz auf weiß, auf welche Aufträge er verzichten konnte, weil diese bei zu geringen Einnahmen zu

[3] http://talentcafe.de

viel seiner Zeit in Anspruch nahmen und außerdem auch wenig Spaß machten. Er ermittelte, dass er durch den Verzicht auf zwei Auftraggeber 70 Prozent mehr Zeit gewinnen würde, aber nur 30 Prozent weniger Einnahmen hätte. Die auf diese Weise frei gewordene Zeit konnte er für sein neues Vorhaben einsetzen.

Mit Einschnitten rechnen

Gern werfe ich den alten, aber doch sehr wertvollen Spruch „Wer nicht wagt, der nicht gewinnt" in den Raum. Sie können nicht alles haben. Um etwas Neues aufzubauen und irgendwann mehr zu verdienen, müssen Sie eine Zeitlang Einschnitte in Kauf nehmen. Es gibt Kredite oder Finanzspritzen der Familie. Sie können Ihren Partner bitten, übergangsweise die Miete zu zahlen.

Lassen Sie die Chance nicht vorbeiziehen, wenn Sie etwas Besonderes entdeckt haben. Vielleicht produzieren Sie derzeit erst als Hobby einen Honig aus Eichenholz oder haben eine Nagelschere erfunden, die gleichzeitig mit Lack versiegelt. Die Nachfrage testen Sie am besten in Ihrem Umfeld. Und vielleicht könnte es ja sogar ein Gebrauchsmuster werden. Dann wenden Sie sich an das deutsche Patent- und Markenamt www.dpma.de.

Mir soll keiner sagen: Das geht nicht. Es geht immer. Beschränkungen bestehen ausschließlich im Kopf. Letztendlich haben Sie nur zwei Optionen: ewig weiterjammern und frustriert sein über die schlechten Honorare – oder handeln und etwas ändern. Das gelingt nur, wenn Sie dafür zeitweise durch eine Phase mit mehr Arbeit und höherer Belastung gehen und auf gewohnte Einnahmen verzichten.

Swotten

Rechts eine Vorlage für eine so genannte SWOT-Analyse, mit der Sie Ihre Idee systematisch abklopfen können.

Ein Beispiel, um bei der maßgeschneiderten Gardinenstange zu bleiben. Die Stärke der Idee ist, dass es so etwas nicht gibt. Die Schwäche wahrscheinlich, dass die Nachfrage danach gering ist. Die Chance liegt darin, der Erste zu sein, der sich auf diesem Gebiet versucht, das Risiko im Trend zum Standardfenster. In der Kategorie „Preis" liegt eine Stärke darin, dass für individuelle Produkte mehr bezahlt wird,

	Stärken	Schwächen	Chancen	Risiken
Markt/Nachfrage				
Idee				
Zielgruppe				
Preis				
Kapital				
Wettbewerb				
Räumlichkeiten				
Standort				
Erreichbarkeit				
Persönlichkeit				
Branchenerfahrung				
Kontakte/Netzwerk				
Konjunkturelle und wirtschaftliche Rahmenbedingungen				
Gesetzliche Bestimmungen				

eine Schwäche zeigt sich in den hohen Herstellungskosten. Die Chance besteht darin, hohe Preise durchsetzen zu können, und das Risiko in den schwankenden Holzpreisen. In der Kategorie „Persönlichkeit" liegt die Stärke in Ihrer jetzt einfach mal vorausgesetzten Expertise im Bereich Gardinenstangen von der Stange, die Schwäche in ihrer mangelnden Erfahrung als Unternehmer. Die Chance besteht darin, ein eigenes Unternehmen aufzubauen, und das Risiko in der fehlenden Partnerschaft mit einem kaufmännisch versierten anderen Gardinenstangenexperten. Das Beispiel ist jetzt ein wenig humorvoll beschrieben, aber ich denke, Sie verstehen, worauf ich hinauswill: Es ist wichtig, alle Bereiche einmal systematisch und gründlich zu durchdenken. Am besten sprechen Sie zusätzlich mit Personen, die sich in bestimmten Bereichen, etwa bei Holzpreisen, besser auskennen als Sie.

Ferne Ideen

Lassen Sie uns nun über Ideen sprechen, die nicht so naheliegen. Wir hatten ja gesagt, dass es am leichtesten sei, Ideen in einem Umfeld zu realisieren, das Sie kennen. Denn: Marktideen für Ihnen fremde Branchen können böse Fallen sein, wenn Sie deren Gepflogenheiten und Regeln nicht kennen. Sie müssen solche Ideen besonders gründlich recherchieren, mit möglichst vielen Insidern sprechen. Setzen Sie niemals auf Werbeversprechen von Weiterbildungsanbietern, die Ihnen eine Karriere als freier Fotograf versprechen. Bevor Sie auf etwas Fachfremdes umsatteln, sollten Sie mit mindestens drei Personen aus der Branche sprechen, die objektiv und neutral sind. Das heißt aber nicht, dass Umsatteln nicht auch ein Erfolgskonzept sein kann.

Das Unternehmen Flyeralarm ist Marktführer im Segment der Internetdruckereien. Inhaber Thorsten Fischer konnte diese Idee nur realisieren, weil er nicht aus der Druckbranche kam, also fachfremd war und entsprechend „naiv" auf die Gepflogenheiten der Branche blickte. Das ermöglichte es ihm, gründlich querzudenken und angebliche Selbstverständlichkeiten in Frage zu stellen.

Zur Tageszeitungs-Berühmtheit hat es der deutsche Hartz-IV-Empfänger Michael Kaiser gebracht, der preiswertes Skiwachs entwickelte und heute erfolgreich vertreibt. Entdeckt hatte er die Marktlücke über seine skilaufenden Söhne. Hartz IV ist für ihn Vergangenheit. Ich verrate Ihnen was: Ein Bekannter wollte mal Strandkörbe in den USA verkaufen, aber die Idee kam nie vom Kopf auf die Straße … äh, auf den Sand. Schade, hätte ein Geschäft werden können. Und zeigt, worauf es ankommt: Nur wer Ideen auch umsetzt, kann gewinnen. Kopfgeburten sind wie Hirngespinste …

Best Practice

Ilka und Karin sind freie Fernsehjournalistinnen – und leidenschaftliche Marmeladenesserinnen. Sie haben beide Kinder und suchten etwas, das ihnen Geld brachte und zeitliche Flexibilität. Sie kamen auf die Idee, einen Marmeladenshop zu eröffnen. Zwar gab es bereits diverse Süßwaren- und Feinschmeckergeschäfte im Netz, so einen Laden jedoch noch nicht. Anfangs war es nicht leicht, Kunden auf ihre Seite zu locken, außerdem brauchten sie eine gewisse Zeit, um auf den Trichter zu kommen, dass sie auch Eigenmarken herstellen und Werbepräsente an Firmen verkaufen könnten, doch nach drei Jahren trägt sich das Geschäft. Ich habe die tatsächliche Geschäftsidee der beiden übrigens leicht abgewandelt, um die zwei Frauen zu schützen, die nicht so gern bekannt werden möchten. Fernsehsender mögen es nämlich nicht, wenn ihre freien Mitarbeiter kommerzielle Dinge tun oder außerhalb ihres Kernbereichs tätig werden. Wollen wir sie also nicht mit der Nase darauf stoßen. Das ist auch ein Vorteil des Internets: Wer anonym bleiben will, kann das. Und wer schaut schon ins Impressum, in dem die Nennung des Namens natürlich Pflicht ist?

Ideensuche

Wenn Sie unbedingt eine Marktlücke brauchen, diese Ihnen aber nicht freiwillig zuläuft, suchen Sie systematisch danach. Was gibt es noch nicht? Einen Buddha-Shop? Ein Spezialgeschäft für Holz-Gardinenstangen (mein Lieblingsthema)? Tragen Sie immer einen Notizblock bei sich, in dem Sie Ideen aufschreiben, die Ihnen im Laufe des Tages begegnen. Bewerten Sie diese nicht. Das tun Sie erst zuhause, wenn Sie recherchieren, ob möglicherweise Potenzial darin steckt. Wenn Sie das selbst nicht beurteilen können, holen Sie sich Experten-Feedback. Aber sagen Sie nie: „Hat doch eh keinen Sinn." Niemand, der es zu etwas mehr Geld gebracht hat, würde das je sagen. Wer jammert, kann die Zeit weit besser dazu nutzen, den entscheidenden Schritt nach vorn zu tun. Siehe Kopfgeburten oben.

Best Practice

Ideal ist es, wenn Ihre Ideen sich aus dem Bedarf Ihrer Kunden ableiten lassen. Wo gibt es große Probleme, wiederkehrende Ärgernisse? Eine Glaserei aus dem Hamburger Speckgürtel etwa entwickelte eine Duschkabine, auf der sich kein Kalk ablagert, und verkaufte sie sehr erfolgreich als neues Produkt.

Unten finden Sie einige Fragen, die Sie auf Ideen bringen sollen. Denken Sie genau nach, wohin Ihre Antwort führt und wie Sie Ihre Einfälle zu Geld machen können.

Frage	Ihre Antwort
Was lässt sich in Ihrer Branche verbessern?	
Gibt es irgendetwas, das nicht, schlecht, unzureichend erledigt wird?	
Wird unnötig Geld ausgegeben? Wofür? Wie ließe sich das ändern?	
Welche Trends gibt es in Ihrer Branche? Was bedeutet das in fünf Jahren für die Branche? Wie können Sie davon profitieren?	
Welche Gesetze könnten demnächst verabschiedet werden, die sich auf Ihre Branche auswirken? Wie könnten Sie davon profitieren?	
Wo finden sich die umständlichsten Prozesse? Wie ließen sich diese vereinfachen?	
Was wäre wirklich „Geld wert"? Wodurch könnte ein Unternehmen in Ihrer Branche Geld sparen?	
Welches Know-how, das für die Zukunft wichtig ist, fehlt Ihrer Branche?	

Wenn Sie außerhalb Ihrer Branche nach einer Geschäftsidee suchen, helfen folgende Fragen dabei, auf neue Ideen zu kommen:

Frage	Ihre Antwort
Welche Fanartikel, Hobbys und Produktgruppen haben noch kein eigenes Portal? Welche davon sind zugleich sponsoren- und werbeaffin?	
Zu welchem Produkt gibt es noch kein Online-Fachgeschäft?	
Was müsste Ihrer Meinung nach dringend verbessert werden? Wie können Sie dazu beitragen, es zu verbessern?	
Was haben Sie einmal schmerzlich vermisst, für das Sie Geld bezahlt hätten?	

2. Schlau kopieren

Ich habe keine Idee ... aber ich bin ein Optimierungskünstler.

Ich besitze zwei Online-Shops und ein Internetportal, die Karriereexperten.com. Die habe ich nicht etwa aus Nächstenliebe oder zu Selbstverwirklichungszwecken gegründet, sondern um Geld damit zu verdienen. Ich vermarkte mit meinen Portalen meinen Namen und mein Wissen, aber echte Marktlücken sind es nicht. Es handelt sich aber durchwegs um Angebote mit einem klaren Alleinstellungsmerkmal, einem USP (Unique Selling Proposition). Damit habe ich etwas, das andere nicht haben und was den Unterschied zum Wettbewerb ausmacht. Und darauf kommt es an, auch bei Ihnen. Sie dürfen nachmachen, aber sollten immer etwas anders – besser – machen als Ihre Vorlage.

Bleiben wir im Netz. Mit Internetportalen lässt sich Geld verdienen, wenn man es richtig anfasst. Das habe ich immer wieder bei anderen gesehen. Mitunter ist es eine gute Idee, vorhandene Ideen abzuwandeln und ihnen einen neuen Dreh zu geben oder sie in das aktuelle Zeitalter zu führen. So habe ich mit den Karriereexperten.com eine moderne Datenbank aufgebaut, die Social-Media-Funktionen beinhaltet. Das Prinzip der Datenbank ist nicht neu. Die Integration von Social Media aber schon. Andere Angebote dieser Art stammen noch aus früheren Jahren und wirken heute überholt. Natürlich kostet der Aufbau eines solchen Portals ein paar Euro, doch die Investition ist weitaus geringer als bei einem Ladengeschäft oder einem Café.

Es gibt im Internet immer mehrere Shops, die etwas Ähnliches vertreiben. Diejenigen, die sich schließlich durchsetzen, haben aber alle mindestens ein Merkmal, das sie von den anderen unterscheidet – und das sollte nicht der günstige Preis sein. Es kann – neben dem Produkt selbst – auch die Verpackung sein, der Service oder die Art der Produktpräsentation.

Es gibt viele Möglichkeiten, sich an fremden Ideen zu bedienen und diese einfach neu und besser umzusetzen. Nehmen wir die Kundenzeitschriften, neudeutsch Corporate Publishing. Alle großen Konzerne haben so etwas, aber kleinere Unternehmen noch kaum. Möglicherweise lohnt sich eine eigene Zeitschrift für sie auch gar nicht, weil der Kundenkreis zu klein ist. Dann wäre es vielleicht eine Idee, ein gemeinschaftliches Magazin von kleinen Unternehmen aus einer bestimmten Region oder von Firmen einer bestimmten Branche herauszugeben. Der Hauptinhalt wäre gleich, das Cover jedoch dem jeweiligen Unternehmen angepasst.

Sie könnten auch ein Portal mit redaktionellen Inhalten aufbauen und von der Werbung, von Partnerprogrammen oder von Sponsoring leben. Das Thema sollte speziell sein und bisher nicht abgedeckt – mir fallen ad hoc zahlreiche ein. Suchen Sie zum Beispiel dort, wo es viele Fans und leidenschaftliche Anhänger gibt – bei Modellflugzeugen oder Mineralwässern, um nur zwei sehr unterschiedliche Beispiele zu nennen.

Schlechtes besser!

Auch Ferienhausvermietungen laufen immer, sofern es noch keinen großen Konkurrenten am lokalen Markt gibt. Eine Möglichkeit liegt darin, sich auf Teilgebiete oder etwas Spezielles zu konzentrieren: Ferienhäuser am Deich etwa. Eine Superchance liegt nah, wenn es zwar Anbieter gibt, deren Offerten aber so schlecht sind, dass es ein Leichtes ist, sie zu verbessern. Sie machen dann etwas Gleiches, verfolgen also die so genannte „Me too"-Strategie, aber das ist durchaus legitim. Es ist ja mehr als Nachmachen, es ist Verbessern. Sicher ist auch das mit einer Investition verbunden, doch bleibt das Risiko überschaubar.

Eines muss ich jedoch gleich klarstellen: Zum Nulltarif gibt es nichts. Egal, was Sie tun, es kostet mindestens Ihre Zeit und so gut wie immer auch eine Investition. Und nebenbei auch den Willen, das Vorhaben wirklich gut und professionell zu realisieren. „Ich verkauf' dann mal rote Dessous" funktioniert nicht. Gleich was Sie tun, Sie brauchen ein Konzept, einen genauen Plan, wie Sie vorgehen, wo Sie die Dessous einkaufen etc. Aber vorher sollten Sie noch gut überlegen, ob die farbliche Eingrenzung wirklich Sinn macht und es genügend Rot-Fetischisten gibt.

Praxisplan

Bevor Sie starten, brauchen Sie einen Finanzplan, der errechnet, ob und wann sich Ihr Vorhaben lohnt. Ich empfehle zudem einen Praxisplan, der alle Arbeitsschritte handlungsorientiert und konkret auflistet. Das sieht dann zum Beispiel bei der Erstellung eines Internetportals zum Thema Garten so aus:

Teilprojekt	Erledigt bis	Erledigt
10 Konkurrenzwebseiten sichten	31.5.2013	
Kosten durchrechnen	1.6.2013	
Zeitaufwand planen	2.6.2013	
Mit 5 Personen sprechen, die Contentwebseiten erfolgreich betreiben	3.6.2013	
Liste mit potenziellen Kooperationspartnern erstellen	4.6.2013	
Neues Standbein auf einer Seite beschreiben		

Teilprojekt	Erledigt bis	Erledigt
Übersicht erstellen, was ich besser machen kann		
Übersicht über die einzelnen Arbeitsschritte erstellen		
Drei Wunschsponsoren festlegen		
Gesprächsleitfaden für die Akquise dieser Personen entwickeln		
Namen des Angebots festlegen		
Freie Domains checken		
Usw.		

Die Aufstellung sollte dabei möglichst kleinteilig sein, die Termine eng. Bewährt hat sich die Methode „Jeden Tag ein Projekt". So kommen Sie voran und verfallen nicht der Verschieberitis. Wenn Sie systematisch nach einem Nachmach- und Verbesserungsprodukt suchen möchten, stellen Sie sich folgende Fragen:

- Wo sehen Sie Angebote, die deutlich verbessert werden könnten? Was müsste man tun, um sie zu verbessern?
- Welche Internetseiten, die den Betreibern vermutlich Geld bringen, sind mangelhaft oder nicht mehr zeitgemäß?
- Wie könnten Sie eine vorhandene Idee auf eine neue Zielgruppe oder eine Teilzielgruppe übertragen?
- Was wird Ihrer Meinung nach schlecht vermarktet und könnte anders und neu viel besser laufen?
- Was gibt es für eine große, zahlungskräftige Zielgruppe, aber noch nicht für die „Kleinen"? Wie könnte man hier etwas Neues schaffen?

3. Angebots-Spoiler

Ich muss aus dem, was ich habe, etwas Besseres machen.

Okay, das ist alles nichts für Sie. Schauen wir weiter. Wie wäre es damit: Machen Sie einfach etwas mehr als nur das eine. Einen Text schreiben können viele, eine ganze Beilage produzieren nur wenige. Das Konzert organisieren kann auch jemand anderes, die begleitenden Kommunikationsmaßnahmen und die kaufmännische Abwicklung zu steuern, könnte ein besser bezahlter Erweiterungsjob sein. Eine Lektorin könnte neben der eigentlichen Lektoratsarbeit das komplette Producing übernehmen, so dass der Verlag oder Anbieter keine Arbeit mehr damit hat.

Sobald sie komplette Dienstleistungen anbieten, etwa die Herstellung ganzer Broschüren, Bücher, E-Books oder Zeitschriften und Beilagen, wird Ihr Honorarsatz steigen, auch in den Dumping-Branchen. Je stärker die Erweiterung, desto mehr ist allerdings auch eine neue Konzeption der Geschäftstätigkeit nötig. Sie kommen nicht daran vorbei, die inhaltliche Arbeit weiter nach hinten zu stellen und sich auf Ihre Unternehmerjobs zu konzentrieren. Dazu gehört es auch, mehr ins Risiko zu gehen, zum Beispiel Aufträge zu vergeben und Rechnungen zu bezahlen, bevor Sie selbst Ihr Geld bekommen.

Eine Erweiterung des eigenen Angebots ist in fast allen Branchen denkbar: Der Heilpraktiker könnte auch Yogakurse anbieten, der Online-Shop-Besitzer nicht mehr nur Gewürze, sondern auch Gewürzreisen verkaufen. Ob dies Sinn macht und auch wirklich mehr Geld bringt, ist im Einzelfall zu klären. Erstellen Sie einen Wachstumsplan, in dem Sie mögliche Einnahmen und Ausgaben sauber gegenüberstellen.[4]

Falls es um größere Schritte geht, empfiehlt es sich, das neue Angebot vorab zu testen. Nimmt der Kunde es überhaupt an? Nicht nur bei umfangreicheren Vorhaben ist eine Markterkundung hilfreich. Die Lektorin könnte ihre bereits vorhandenen Kunden fragen, ob eine Nachfrage nach Producing besteht und was diese von einer Komplettdienstleistung erwarten würden. Die Zahlungsbereitschaft kann dann gleich mit abgefragt werden, und schon sind wir bei einer kleinen Markterkundung. Suchen Sie neue Standbeine erst einmal dort, wo Sie schon etwas vorzuweisen haben oder wo Ihre Interessen liegen.

---

[4] Ein Muster können Sie in meinem Shop gruenderreports.de bestellen.

Ein Journalist könnte in verwandten, besser bezahlten Bereichen suchen – je nach Talent sind das Online-Texte, Werbetexte, Pressetexte oder journalistische Artikel für Kundenmagazine. Ein Masseur könnte Meditationsrunden in sein Angebot aufnehmen oder neue Massagemethoden, die sich in anderen Praxen noch nicht durchgesetzt haben oder die er aus dem Ausland „importiert" hat.

Folgende Fragen helfen, herauszufinden, ob eine Erweiterung des Angebots sinnvoll ist:

- Könnten Sie Ihr Angebot von einem niedrigeren auf einen hohen Honorarbereich erweitern? Niedrige Honorarbereiche sind z.B. Korrektur sowie administrative Tätigkeiten. Höhere Honorarbereiche liegen in der Strategie, Konzeptionierung, Ideenfindung.
- Könnten Sie zusätzlich etwas anbieten, das Sie derzeit noch nicht im Portfolio haben? Beratung? Vermittlung von Kontakten? Projektmanagement?
- Was ist bei Ihren Kunden sonst noch gefragt? Wäre es hilfreich, zum Beispiel ein Softwareprogramm anzuschaffen, um das eigene Angebot zu vervollständigen und die Bearbeitung im Home Office offerieren zu können?
- Besteht beim Kunden vielleicht Nachfrage nach etwas, das Sie noch nicht beherrschen? Sollten Sie Ihre Kenntnisse erweitern? Macht eine Weiterbildung Sinn?

4. Dreibein

Ich brauche noch ein weiteres Standbein.

Was könnten Sie sonst noch tun, um Geld zu verdienen? Schauen Sie sich in besser bezahlten Gefilden um oder zumindest dort, wo Sie mit regelmäßigen Einkünften rechnen können. Das kann zum Beispiel Unterricht sein, der selten gut bezahlt wird, dafür aber die Kasse berechenbar füllt. Meist liegt die Erweiterung nah am eigentlichen Kerngeschäft: Unterrichten etwa ist nicht weit entfernt von Jobs, die mit

Kommunizieren, Schreiben, Gestalten zu tun haben. Muss aber nicht sein; das Standbein dürfen Sie auch weiter entfernt aufstellen.

Best Practice

Robert hatte eine Plattenfirma, die ihm am Herzen lag. Doch unterm Strich brachte diese kaum mehr als 5.000 Euro Gewinn pro Jahr. Aufgeben wollte er sie trotzdem nicht. Also nutzte er seine frühere Erfahrung aus der EDV und programmierte projektweise. Weiter entwickelte er Musik-Applikationen für das iPhone. Auf diese Weise rechnete sich seine Selbständigkeit insgesamt – als Mischung aus Leidenschafts- und Geldprojekten.

Es gibt viele Möglichkeiten, vor allem wenn Sie Leidenschaft mit Geld kombinieren wollen. Vielleicht sind Sie ehrenamtlich tätig, lassen sich in den Vorstand wählen und kämpfen dort für eine Teilzeitstelle, die Sie selbst für sich beanspruchen. Vielleicht gründen Sie auch einfach einen Verein oder eine Stiftung mit dem Ziel, sich dort nach ein, zwei Jahren selbst einen Job zu schaffen. Fast alle Vereinsgründer haben neben dem idealistischen auch ein egoistisches Ziel, wenn sie ehrlich sind. Und was ist schlimm daran? Nur wenn etwas auch für seine Mitglieder wirklichen Nutzen stiftet, wird es sich durchsetzen. Egoistische Ziele machen diesen Nutzen ja nicht zunichte.

Mindestens aber ist eine Aufwandsentschädigung machbar. Denken Sie quer, aber fangen Sie bei Ihren eigenen Talenten an. Wenn das Ergebnis wie bei einer Bekannten mau ausfällt, deren Fazit lautete „Ich kann nichts", lassen Sie sich durch Seminare anregen oder durch den Austausch mit anderen Selbständigen. Holen Sie sich Feedback im Hinblick auf die eigenen Talente. Oder entdecken Sie neue. Die Inhaberin des Berliner „Stadtbienenhonigs" (www.stadtbienenhonig.de) wird vermutlich keine Reichtümer mit ihrem Online-Shop einfahren, aber doch immerhin einen soliden Zuverdienst. Vielleicht können Sie auch etwas herstellen, verkaufen, Gruppen leiten. Oder einfach nur organisieren oder vermitteln. Nicht wenige verdienen ihr Geld damit, zu makeln. Das müssen keine Häuser sein, sondern es kann sich auch um Maschinen handeln oder gebrauchte Laptops. Wer sucht, der findet …

Ich brauche einfach ANDERE Kunden.

Jeder von uns hat mal Kunden gehabt, von denen er sagt: nie wieder! Ich auch. Ich schreibe mir dann in mein Verbesserungsbuch, worauf ich in Zukunft achten muss. Das kann sein, dass ich vorher frage, ob der Klient auch bereit ist, die 800 Kilometer nach Hamburg zu reisen. Oder dass ich einfach sehr offen verkaufe und klar sage, was möglich ist und was nicht. Außerdem hat es sich bewährt, mir einmal im Jahr zu überlegen, wer denn meine Lieblingskunden im letzten Jahr waren und was ich tun muss, um mehr von ihnen zu bekommen. Ein Ergebnis dieser Reflexionen ist übrigens auch dieses Buch. Ich habe festgestellt, dass ich besonders gern mit Unternehmern arbeite, die wachsen möchten und mehr aus dem machen, was sie haben. Ich habe eher selten falsche Kunden.

Wie Falschgeld

Doch manche Selbständige ziehen NUR falsche Kunden an. Falsche Kunden sind wie Falschgeld – nichts wert. Kunden, die zu viel Zeit kosten und mit dem, was Sie bei Ihnen bekommen, nicht zufrieden sind, weil sie etwas anderes erwarten. Falsche Kunden haben einen zu schmalen Geldbeutel oder sind ganz einfach geizig. Falsche Kunden sind Kunden, die auf den letzten Cent schauen und bei denen der Preis das wichtigste Argument ist. Solche Kunden sind untreu, illoyal und meist auch nicht besonders nett im Umgang. Sie verlieren nichts, wenn Sie sie verlieren.

Was Sie tun müssen, wenn Sie die „Falschen" haben: Stellen Sie sich wie ich vor, wen Sie genau haben möchten, so konkret wie irgend möglich. Lassen Sie die bisherigen Kunden und Auftraggeber an Ihrem geistigen Auge vorüberziehen und sagen Sie „Halt", wenn da jemand kommt, der richtig scheint. Falls keiner in Ihrer Datei ist, dann versuchen Sie ihn sich theoretisch vorzustellen. Spinxen Sie bei Kollegen, im Internet, auf der Straße, auf Veranstaltungen: Wer soll Ihr Kunde werden? Was zeichnet ihn aus? Wo treffen Sie ihn?

Wenn Sie selbst diese Aufgabe nicht lösen können, suchen Sie sich branchenkompetente Hilfe, jemanden, der sich auskennt und Möglichkeiten sieht, die Sie noch nicht kennen.

Fallbeispiel

Sascha ist Lektor und hat bisher für Verlage gearbeitet. Er streut in seinem Bekanntenkreis, dass er dringend neue Auftraggeber sucht. Es kommt ein Personalberater auf ihn zu, der fragt, ob er Stelleninserate texten und korrigieren würde. So wächst er in diesen Bereich hinein und stellt fest: Die Personalbranche zahlt einfach besser als Verlage. Zwar ist die Tätigkeit nicht so spannend, aber durch das hier verdiente Geld kann er es sich eher leisten, auch mal schlecht bezahlte Verlagsprojekte anzunehmen.

Jetzt sind Ihre entscheidenden Gedanken:

- Wo ist mehr Geld zu holen als bei meinen Kunden oder/und in meiner Branche?
- Wo sind die Kunden außerdem zahlungsbereiter?
- In den Augen welcher Branchen und Unternehmen oder auch Privatpersonen ist Ihre Dienstleistung „wertvoller"? Wer wäre bereit, mehr zu bezahlen?

Fast immer ist dies dort der Fall, wo weniger Konkurrenz herrscht, also in der Regel wiederum in nicht so „schicken" oder kulturell-kreativen Branchen. Da macht die Arbeit dann vielleicht nicht mehr so viel Spaß, aber ehrlich: Spaß macht es auch nicht, sich andauernd über zu wenig Geld und geizige Kunden zu ärgern.

6. Think big

Ich muss wachsen und weiß nicht wie.

Manchmal, wenn auch nicht immer, bedeutet mehr Größe auch mehr Geld. Wenn Sie sich als einzelner Physiotherapeut niederlassen, müssen Sie selbst Termine koordinieren und sich um alles Mögliche kümmern, das Ihre Zeit frisst. Wenn Sie eine Teilzeitkraft einstellen, die „alles Mögliche“ koordiniert, haben Sie mehr Zeit für Termine. Wenn Sie außerdem freiberufliche Therapeuten zu einem Honorar beschäftigen, das Ihnen genug Puffer lässt zum Mitverdienen, machen Sie sich unabhängig von der eigenen Arbeit. Das Modell Wachstum kann dann ganz unterschiedlich aussehen: verschiedene Therapieangebote unter einem, Ihrem Dach oder Spezialisierung, etwa auf ein Themengebiet wie „Rücken“ oder Kinder.

Wichtig ist, dass genügend Geld bei Ihnen hängenbleibt, wenn sie expandieren. In manchen Bereichen bleibt Ihnen zumindest zu Anfang nichts anderes übrig, als Ihre freien Mitarbeiter mit einem geringen Honorar abzufinden. Sehen Sie es so: Das ist der Preis des Einsteigens. Sie selbst haben ja so angefangen und ihn bezahlt. Jetzt sind Sie am Zug – dafür gehen Sie eben auch neue Risiken ein. Die Faustregel bei einer Konstruktion, in der Sie mit freien Mitarbeitern arbeiten, lautet: 50 bis 70 Prozent von den durch Mitarbeiter produzierten Einnahmen sollten bei Ihnen verbleiben, damit sich das Unternehmen Vergrößerung für Sie auch lohnt. Rechnen Sie das einfach mal durch.

Best Practice

Der IT-Spezialist Hans will nicht im herkömmlichen Sinn wachsen und Mitarbeiter einstellen. Allerdings möchte er mehr Geld verdienen ohne selbst tätig sein zu müssen. Die Idee liegt nahe: Er bindet andere Spezialisten für eine Vermittlungsgebühr von 20 Prozent des Tagessatzes in seine eigenen Projekte ein oder vermittelt sie an Kontakte. Somit kann er sein Einkommen auch in Zeiten schlechter Auslastung oder während Urlaub oder Auszeiten optimieren – und hat nur den Aufwand der Rechnungsstellung. Er plant, in naher Zukunft nur noch von der Projektvermittlung zu leben und gar nicht mehr selbst in Projekten zu arbeiten.

Solches Wachstum ist überall möglich, wo es genügend freie Mitarbeiter gibt, die bereit sind, am Anfang wenig zu verdienen, und die selbst

Honorare erwirtschaften können. Grenzen sind allerdings dort gesetzt, wo Ihre eigenen Honorare es nicht zulassen, andere zu bezahlen. So kann ein Journalist, der 50 Euro in der Stunde bekommt, was in dieser Branche noch nicht einmal das schlechteste Honorar ist, kaum mehr als die Hälfte davon abgeben. Das wären 25 Euro – für 25 Euro aber dürfte er nur sehr schwer eine qualifizierte Person finden, die zudem selbständig arbeitet. Aber: Er kann Studenten finden, die Teilbereiche der Arbeit übernehmen, und so Zeit für die Akquise neuer, besser zahlender Kunden schaffen – die es ihm in weiterer Folge ermöglichen, gut ausgebildete Kräfte zu bezahlen.

Die zentralen Fragen bei dieser Methode lauten:

- Können Sie „Subunternehmer“ beschäftigen, die für Sie Geld einnehmen?
- Bietet Ihr Honorar ausreichend „Luft“, um solche Personen zu bezahlen?
- Was können Sie tun, um diese Luft zu bekommen? Welche Maßnahmen fallen Ihnen ein?

Spitze!

Ich soll mich spezialisieren und habe keine Ahnung, wie ich das anfangen soll.

Tättää, hier ist er: der Star unter den Geld-Optimierungsmethoden. Die ultimative Verteuerungsmethode heißt Spezialisierung. Gerade für kleine Unternehmen. Preiskämpfe können nur große Unternehmen gewinnen.

Das Prinzip ist ebenso einfach wie logisch: Wer ersetzbar ist, bekommt geringere Honorare als jemand mit einzigartigem Nutzen. So werden juristische Übersetzungen gut bezahlt, obwohl der Markt für Übersetzungen sonst ein schwieriger ist. Es gibt schwache und starke Spezialisierungen. Schwach ist eine Spezialisierung dort, wo sie keinen Honorarsprung auslöst. Dann kann sogar die gegenteilige Strategie sinnvoll sein, die Erweiterung des Angebots. Ein Personalberater, der auf Headhunting in der IT-Branche spezialisiert ist, könnte feststellen, dass die Spezialisierung etwa auf SAP-Berater weniger sinnvoll ist als die Erweiterung des Geschäfts in den kaufmännischen Bereich. In den allermeisten Fällen ist der Weg aber andersherum zielführender. Je überlaufener der Bereich, in dem Sie tätig sind, umso eher. Meine Erfahrung ist außerdem, dass Selbständigkeit ein Prozess in Richtung Spezialisierung ist: Während es am Anfang oft sinnvoller ist, breiter einzusteigen, führt langsame und systematische Zuspitzung zu wachsendem Erfolg. Warum das so ist? Es ist sinnvoll, die ersten Auftraggeber unter vorhandenen Kontakten zu suchen. Ein zu spezielles Angebot können Sie in dieser Phase noch nicht platzieren, es würde zu lange dauern, bis sich das rechnet. Deshalb läuft es idealtypisch andersherum: erst der allgemeine Einstieg, dann die Spezialisierung.

Best Practice

Die Trainerin Eva hat ein breites Portfolio. Das hat sich so ergeben, weil sie ihre Aufträge einfach anhand vorhandener Kontakte und über Empfehlungen geangelt hat. Von Kommunikation bis Konflikt: Sie macht alles, was zu ihrem psychologischen Hintergrund passt und sich in die bisherige Erfahrung einreiht. Im Laufe der Zeit stellt sich heraus, dass ihr das Thema Konflikt ganz besonders liegt. Sie entscheidet sich, sich als Expertin für konstruktives Streiten neu zu positionieren. Die anderen Themen streicht sie nach und nach aus ihrem Programm. Das erlaubt es ihr, teurer zu werden, denn mit diesem Thema baut sie ihren Namen auch so weit auf, dass ihre Honorarforderungen bis an die Schallgrenze von 1.600 Euro Tagessatz heranreichen. Nur sehr wenige Trainer verdienen mehr als das – alle sind spezialisiert oder/und bekannt.

Regional oder städtisch?

Trotzdem ist Spezialisierung nicht immer und für jeden das passende Rezept. Ein Business Coach kann sich auch mit einem breiteren Angebot etablieren, sofern er in seiner Region keine oder kaum Konkurrenz hat. Dabei gilt meiner persönlichen Erfahrung nach ein Radius von etwa 80 Kilometer, in dem sich niemand mit vergleichbarem Angebot finden sollte. Das bedeutet, dass im städtischen Raum eine stärkere Spezialisierung nötig ist. Dieses Prinzip gilt auch für Heilpraktiker, Physiotherapeuten und andere, die mindestens teilweise Privatkundschaft oder kleinere Unternehmen als Kunden haben: Auf dem Land oder in Kleinstädten verkaufen sich breitere Angebote leichter als in Städten. Ja, es ist sogar so, dass breite Angebote dort notwendig sind. Während sich eine Werbeagentur, die vom Text über den Flyer bis zur Autobeschriftung alles bietet, in einer Kleinstadt halten kann, würde sie in einer größeren Stadt sofort von der Konkurrenz weggeputzt werden. In der Kleinstadt bezieht sich der Wettbewerb, wenn er entsteht, eher auf Service und die Angebotsqualität.

Die entscheidenden Fragen für Ihre Entscheidung lauten:

- Ist die Zielgruppe bereit, mehr Geld für eine spezialisierte Dienstleistung auszugeben – oder ist sie eher an „Fullservice“ interessiert?
- Macht eine Spezialisierung Sinn, weil dadurch Honorare/Preise steigen – oder wird sich dies gar nicht auswirken?

Breit oder spitz?

Meist führt das Nachdenken darüber zu einer logischen Konsequenz: Der einzeln tätige Freiberufler profitiert am meisten von Spezialisierung, der mit Mitarbeitern aktive oder auf Ausweitung des Geschäfts zielende Selbständige gewinnt durch ein breites Angebot an Boden – und Honorar. Ein regional verwurzelter Designer profitiert, wenn er sich zur Fullservice-Werbeagentur erweitert, wenn die Konkurrenz vor Ort schwach ist. Ein in der Stadt ansässiger Designer sollte eher nach Spezialbereichen suchen. Design von Animationen im Gesundheitsbereich oder 3D-Simulationen für Paläontologen sind nur zwei Beispiele, die allerdings zeigen, dass zwischen Standard-Kommunikationsdesign und Spezialisierung manchmal recht viele Lern- und Entwicklungsschritte stehen. Doch wer irgendwann einmal gut bezahlt dastehen möchte, kann nichts anderes tun, als sich in die besser bezahlten Regionen aufzumachen. Der Weg dorthin könnte allerdings etwas länger sein.

Vorsicht, Laienkonkurrenz!

Den langen Weg verursachen die Anforderungen der Wissensgesellschaft, die einfache Dienstleistung ersetzbar machen. Bleiben wir beim Thema Design. In dem Moment, wo fast jeder, eben auch jeder nicht ausgebildete Designer, ein Programm wie Adobe InDesign bedienen kann, ist es nicht mehr den „Studierten" vorbehalten. Es dringt Laienkonkurrenz in die Branche ein. Eine Kundin hat mir einmal erzählt, was ein Auftraggeber ihr gesagt hat: „Du kannst keine 50 Euro verlangen für das Layout, da setze ich Studenten dran, die machen es für 20." Ähnliches habe ich von Redaktionen gehört: Wenn es in einer Online-Redaktion ausreicht, Fotos zu bearbeiten und Texte zu kürzen sowie Bildunterschriften zu erstellen, kommt schlecht ausgebildete Konkurrenz zum Zuge, die solche einfachen Aufgaben auch lernen kann. Die Preise fallen. Sie sehen, in welche Richtung Sie denken müssen, um sich dieser Gefahr zu entziehen?

Weiterentwicklung!

Die allgemeinen Dienstleistungen werden immer schlechter bezahlt. Das betrifft einfache Beratungsdienstleistungen, aber selbst Programmiertätigkeiten. In Zeiten, in denen sich PHP-Programmierung für unter 20 Euro buchen lässt oder man ganze Website-Programmierungen an billige (oder studentische) Entwickler im In- und Ausland geben kann, verfallen Honorare auch in diesem, einst sehr viel höherpreisigen Sektor, teilweise dramatisch. Ein PHP-Programmierer muss sich deshalb auf bestimmte Themen spezialisieren und weitere Kenntnisse, die ihn zu einem Fachmann machen, erwerben. Fachliches Stehenbleiben ist heutzutage viel risikoreicher als früher. Das gilt für Selbständige genauso wie für Angestellte.

Expertenkarriere

Überlegen Sie also, wie Sie besser und spezieller werden können. Vielleicht gibt es Brücken auf dem Weg zum Experten? Damit meine ich Wissen oder Erfahrung, die Sie von A nach B bringen können. Ich will Ihnen ein Beispiel für eine im Verfall befindliche Wissensdienstleistung nennen, die ich gut kenne: die Bewerbungsberatung. Auf dem Gebiet der Bewerbungsberatung brauchen Sie nur begrenztes Wissen, um erfolgreich zu sein. Entsprechend haben aber auch die erzielbaren Honorare Grenzen. Bis auf eine Handvoll durch Bücher bekannte Autoren kann kaum jemand davon leben, da diese Dienstleistung inzwischen von jedem Career Service der Universitäten und auch zu allen möglichen anderen Anlässen, etwa Messen, kostenlos offeriert wird. Dazu all die kostenlosen Tipps im Internet! Nein, viel Geld wird für sowas nicht mehr bezahlt.

Ganz anders liegt der Fall bei einer anspruchsvollen Karriereberatung, die eine Brücke zu einer weiteren, noch klareren Spezialisierung sein könnte, etwa in der MBA-Beratung. Diese braucht vertiefte Kenntnisse und ist entsprechend auch „mehr" wert. Die Beratung könnte flankiert werden von weiteren Dienstleistungen, die zum Thema passen: Gmat-Vorbereitung, Expose-Erstellung oder Kontaktvermittlung zu ehemaligen Absolventen. Das alles sind Themen, die viel Erfahrung und spezielles Wissen erfordern. Das bekommen Sie nicht von der Stange, das müssen Sie entwickeln. Ihr Geldbeutel wird es Ihnen danken.

SAK-Methode

Schauen wir uns einmal die Methode an, die sich hinter diesem Beispiel verbirgt: Erst erweitern Sie Ihr Angebot, um sich einer breiteren Zielgruppe zuzuwenden, dann spitzen Sie es thematisch auf eine Teilzielgruppe zu, schließlich erweitern Sie die Dienstleistungen auf diese Teilzielgruppe bezogen. Das funktioniert in vielen Bereichen: Der Steuerberater könnte zunächst speziell in der IT Tätige ansprechen und sich dabei langsam auf diese Zielgruppe spezialisieren (Spezialisierung = S). Hat er hier einen bestimmten Kundenstamm erreicht, schafft er spezielle Produkte (Angebot = A), etwa ein Seminar für freiberufliche IT-ler. Dann erweitert er das Angebot für diese Kunden (Kunden = K), zum Beispiel um verschiedene Themen aus der Unternehmensberatung oder um Gutachtenerstellung. Ganz einfach, oder? Nebenbei habe ich gleich die SAK-Methode aus der Taufe gehoben.

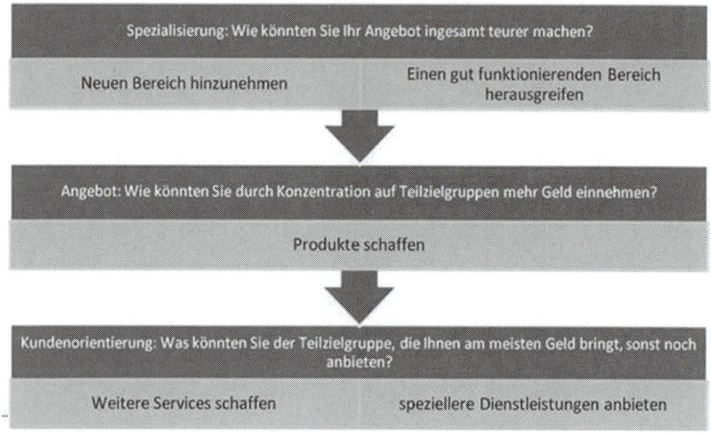

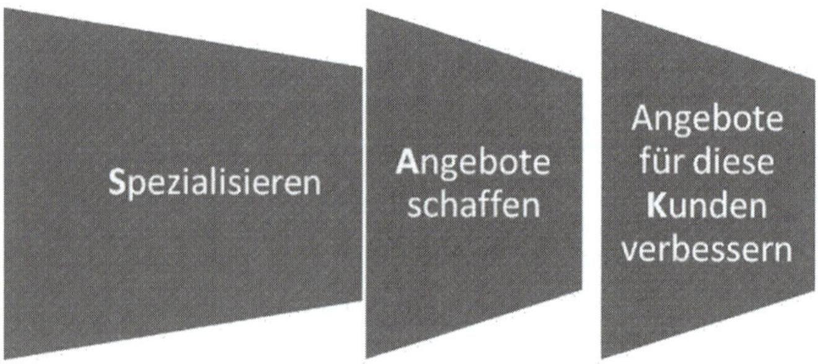

Kick das C - ABC-Analyse

Ich soll mich spezialisieren und habe keine Ahnung, woher ich die Zeit für die Veränderung nehmen soll.

Wenn Sie eine der beschriebenen Maßnahmen ergreifen, heißt das wahrscheinlich, dass Sie dafür Ihre bisherige Arbeit reduzieren müssen. Denn ich gehe davon aus, dass Sie schon einigermaßen ausgelastet waren. Nun sollten Sie sich den Rahmen schaffen, um Ihre Pläne zu realisieren.

Schauen Sie sich dazu an, welche Maßnahmen am wenigsten Geld bringen, aber die meiste Arbeit machen. Das sind C-Tätigkeiten – Zeitschinder und Nichtsnutze. Geben Sie diese Tätigkeiten auf, übergeben Sie sie an einen Subunternehmer oder lassen Sie sich von einem Kooperationspartner vertreten. Es gibt jetzt wichtigere Dinge als brave Auftragserfüllung: mehr Geld in die Kasse bringen!

C-Tätigkeiten zeigen sich in einer ABC-Analyse. Diese offenbart auch, welche Kunden wirklich wichtig sind und von daher auch Vorzugsbehandlung verdienen. Erfassen Sie dazu alle Ihre Aufträge in einer Tabelle und ordnen Sie die Aufträge Kunden zu. Sie werden sehen: Es sind oft 20 Prozent der Kunden, die 80 Prozent des Umsatzes ausmachen. Dahinter steckt die so genannte Pareto-Regel. Die übrigen 80 Prozent Kunden sorgen für Kleinvieh, das bekanntlich besonders viel Mist macht. Auf diesen Mist können Sie verzichten, wenn Sie sich verändern wollen – und gleichzeitig die nötige Zeit für neue Vorhaben gewinnen. Kicken Sie die C-Kunden und C-Aufträge raus. Die sind nicht Ihre Zukunft. Weg damit.

Auftrag	Kunde	Gruppe	Honorarumsatz	Stunden	Durchschnit	Bewertung	Ampel
Dozentin VHS, Thema Präsentation	VHS Weinheim	Dozent	654,00 €	25	26,16 €	C	
Vortragsrednerin, Thema Frauen	Verband Frauen e.V.	Vortrag	2.000,00 €	15	133,33 €	A	
Vortragsrednerin, Thema Präsentation	Lehrerverban d Mannheim	Vortrag	2.000,00 €	20	100,00 €	A	
Lehrauftrag Kommunikation	FH Weinheim	Lehre	860,00 €	20	43,00 €	C	
Privatkundencoaching	Kunde Müller	Coach	2.300,00 €	25	92,00 €	B	
Training Konflikt	LH	Training	5.000,00 €	50	100,00 €	A	
Training Konflikt	Karl Schmitz KG	Training	7.000,00 €	40	175,00 €	A	
Training Personalmanagement	WSC AG	Training	1.000,00 €	30	33,33 €	C	
Training Personalwirtschaft	ABC GmbH	Training	1.200,00 €	12	100,00 €	A	
Coaching Lehrkräfte	Lehrerverban d Darmstadt	Coach	4.000,00 €	80	50,00 €	C	

Beispiel für eine ABC-Analyse

Raus aus ... der Akquise-ach-nö-Falle

Ich halte Akquirieren für sinnlos, das bringt doch nichts.

Ohne Akquise kein Geschäft. Ohne Geschäft kein Geld. Machen wir uns also nichts vor: erst die Akquise, dann das Geld. Von alleine kommen die Kunden meist nur am Anfang. Und dann sind es oft auch nicht die richtigen, also nicht die wirklichen Umsatzbringer. Eines ist klar: Wer wenig oder nicht akquiriert und über Geldnöte klagt, hat entweder zu wenige Kunden oder die falschen. Ja, die falschen. Über Geizhälse haben wir ja schon gesprochen, aber es gibt noch einen wichtigen Aspekt. Wer nicht akquiriert, bekommt Zufallskunden, die einen in Richtungen führen, in die man niemals wollte. Und das wirkt sich dann indirekt auch auf den Kontostand aus.

Schauen wir uns dazu das Fallbeispiel von Sebastian an.

Fallbeispiel

Sebastian wollte als Designer Fuß fassen, ergatterte jedoch nur Programmieraufträge. Und das kam so: Als er sich selbständig gemacht hatte, war er über einen Freund an einen ersten Auftrag gekommen. Der Freund des Freundes, selbst Designer, fragte „Kannst du das auch?" und meinte eine bestimmte Internettechnologie. Ja, sagte Sebastian, er wollte schließlich den Auftrag. Natürlich beherrschte er die nachgefragte Technologie nur ein bisschen, um ehrlich zu sein: ein kleines bisschen. Also arbeitete er sich nächtelang ein und lieferte ein halbwegs gutes Ergebnis. Das ließ er sich mit einem vergleichsweise geringen Honorar vergüten. Die „Lehrstunden" rechnete er nicht ein. Das halbwegs gute Ergebnis sprach sich vor allem aufgrund des guten Preises herum. Immer mehr Bekannte aus dem Umfeld meldeten sich, die fragten: „Kannst du auch ...?"
Nach drei Jahren hatte Sebastian das Image eines Technikfreaks – obwohl er die Programmierarbeit abgrundtief hasste. In der Kasse war trotzdem kaum Geld. Sebastian hatte einfach viel zu sehr in eigene Lehrstunden investiert. Anstatt auf das zu setzen, was er bereits konnte, arbeitete er sich immer wieder neu ein. Und das bezahlte niemand. Keiner aus dem großen Empfehlungsnetzwerk kam auch nur auf die Idee, ihn für Gestaltung einzusetzen.

Als er erkannte, dass er in einer Sackgasse steckte, entschied er sich für einen radikalen Schnitt, nahm keine Aufträge mehr an, zog um und begann in einer anderen Stadt neu. Er startete mit Akquise. Jetzt konzentrierte er sich darauf, seine Besonderheit als Webdesigner herauszustellen, der von der Gestaltung her dachte und die Programmierung auf Wunsch gleich mitliefern konnte. Bis er einen neuen Kundenstamm aufgebaut hatte, dauerte es. Aber nach einer anfänglichen Durststrecke von zwei Jahren hatte er es geschafft. Die Zeit bis dahin überbrückte er, indem er Dozenten-Aufträge an Medienschulen annahm. Hier konnte er den Schülern sein mühsam angeeignetes Wissen weitergeben und verdiente dabei 35 bis 40 Euro in der Stunde.

Akquise ist für den überwiegenden Teil der Selbständigen ein rotes Tuch. Die seltenen Exemplare Mensch, die Akquise lieben, sind meist sehr gut im Geschäft – einmal ausgenommen ein paar extreme Labertaschen, bei denen vor lauter Reden nichts rauskommt.

Es ist eine Tatsache: Wer gern akquiriert, bei dem läuft es auch. Und ja, Akquise muss sein, wenn Sie nicht ein absoluter Experte sind, etwas ganz Besonderes erfunden haben oder ein Ladengeschäft mit Laufkundschaft besitzen. Akquise meint dabei nicht zwingend, fremde Leute anzurufen und ihnen die eigene Dienstleistung aufzuschwatzen. Es ist sehr viel mehr. Auch der Aufbau von Kooperationen ist Akquise. Und wenn Sie als Online-Shop-Besitzer Firmenkunden gewinnen möchten, gilt auch das als Akquise. Ich kann es auf eine einfache Formel bringen: Wer etwas vertreibt, das sich nicht anfassen lässt, für den ist Akquise die zentrale Vertriebsschiene, am Anfang der Gründung sowie in Phasen des Wachstums und der Veränderung.

Der Positionierungsspezialist Peter Sawtschenko[5] behauptet zwar, dass klar positionierte Unternehmen nicht akquirieren müssten, doch geht das an der Praxis vorbei. Natürlich ist es optimal, wenn Sie so sichtbar und bekannt sind, dass alle Interessenten zu Ihnen kommen. Dies zu erreichen sollte auch langfristiges Ziel sein. Doch die meisten Selbständigen, die mir begegnet sind und nicht akquirieren mussten, waren entweder so lange angestellt, dass sie dichte und wirksame Netz-

[5] Schrieb u.a. das Buch „Rasierte Stachelbeeren“.

werke mitbrachten, oder aber sie haben ihre Positionierung als Selbständige über die Jahre immer wieder verbessert und geklärt und dann nach sieben, acht oder manchmal auch erst zehn Jahren den großen Sprung geschafft. Vorher aber haben auch sie Klinken geputzt.

Antarktis- oder Empfehlungs-Akquise

Kaltakquirieren geht gar nicht, aber ich muss trotzdem etwas tun!

Natürlich gibt es verschiedene Stufen der Akquise. Die kälteste Stufe der Kaltakquise setzt irgendwo in der Antarktis an. Sie rufen jemanden an, den Sie überhaupt nicht kennen. Vielleicht müssen Sie sogar erst den Ansprechpartner herausfinden. Empfehlenswert ist eine Antarktis-Akquise nicht. Besser ist es, in wärmeren Gefilden mit dem Fischen zu beginnen. Das ist dort, wo Sie bereits Menschen kennen, zumindest solche, die einen Kontakt herstellen können. Mindestens aber gibt es jemanden, der jemand kennt, der jemand kennt. Und noch wärmer, ja richtig heiß wird das Akquise-Topfschlagen, wenn Sie jemanden finden, der Sie empfiehlt. „Die Sabine Meyer kann ich Ihnen wirklich empfehlen. Das ist eine ausgewiesene Social-Media-Expertin." Wow, Schlag auf den Topf, gewonnen. Nun müssen Sie nur noch einen Termin vereinbaren.

Start: Malediven

Ich weiß einfach nicht, warum ich so selten empfohlen werde.

Diese wärmste Akquiseform nennt man Empfehlungsakquise. Es ist eine Akquise ohne das, was man gemeinhin als Klinkenputzen oder Hörerpusten versteht. Wenn Sie planen, Ihrem Business neuen Schwung zu geben, fangen Sie genau damit an.

Die entscheidenden Ausgangsfragen dabei sind:

- Wer sind meine Lieblingskunden? Von welchen hätte ich gern mehr?

- Wofür würden mich diese Kunden empfehlen? Wenn Sie sich das nie gefragt haben, holen Sie es nach. Vermutungen führen Sie an dieser Stelle nicht weiter, sondern leiten Sie meist zu platten Vermutungen wie „meine strategische Denkweise“ oder „meine Kreativität“. In der Praxis zeigt sich, dass es oft ganz andere Dinge sind, an die Sie nicht gedacht haben.
- Wofür würden Sie Ihre Kunden nicht empfehlen? Sie mögen das als gewagte Frage interpretieren, doch sie ist extrem hilfreich, um das Geschäftsmodell zuzuspitzen. Wenn Sie etwa Werbung anbieten und als Antwort auf Ihre Nicht-Empfehlungs-Frage hören: „für Ihre Texte“, sollten Sie überlegen, einen externen Texter zu beschäftigen, den bisherigen auszutauschen oder vielleicht ganz auf das Angebot dieser Dienstleistung zu verzichten.

Wie könnten Sie die vorhandenen Kunden davon überzeugen, Sie zu empfehlen? Vielleicht sogar, indem Sie diese Frage stellen und aus den individuellen Antworten Ihr Fazit ziehen.

Best Practice

Carola richtet die Wohnungen von Business-Kunden ein, die häufig umziehen. Empfohlen wird sie u.a. von den Mitarbeitern der Makler. Würde jeder Makler auf ihr Angebot hinweisen und sie empfehlen, würde das ihrem Geschäft einen Riesenschwung geben – so ihr Gedanke. Anfangs versuchte sie es mit Wein als Dankeschön für jede Empfehlung, die aber spärlich gegeben wurden. Schließlich entschied sie sich, Einzelgespräche zu führen und jeden Ansprechpartner persönlich zu fragen, was sie tun könne, damit er sie empfehle. Es stellte sich heraus, dass sich viele Makler gern selbst ein Bild machen würden, zum Beispiel über Fotos oder Beispielwohnungen. Also arrangierte sie eine Führung durch eine von ihr eingerichtete Wohnung, bei der der Mieter Rede und Antwort stand. Sekt und ein paar Häppchen gaben dem Ganzen Eventcharakter. Weiter führte sie persönliche Gespräche, in denen sie jeden potenziellen Empfehler fragte, womit sie ihm bei der Vermittlung eines Kunden eine Freude machen könnte. So kurbelte sie ihr Geschäft deutlich an.

Alt für neu

Die erste Anlaufstelle für Ihre Empfehlungsakquise sind Bestandskunden. Alte Kunden können neue Kunden empfehlen. Alte Kunden können neue Produkte oder Dienstleistungen kaufen. Alte Kunden sind ein Schatz, der sich laufend verzinst! Ich brauche nicht extra zu betonen, dass für diesen Zweck eine Kundendatenbank wunderbar ist, ja notwendig. Ich tue es trotzdem, denn immer wieder begegnen mir auch „alte Hasen", die ihre Kundendaten nicht sammeln. Was soll ich dazu sagen? Sträflich, das geht gar nicht. Schicken Sie Ihre Akquise-Gedanken in diese zwei Richtungen: Welches neue Produkt können Sie den vorhandenen Kunden verkaufen? Und: Wie schaffen Sie es, dass Bekannte Ihrer Kunden ebenfalls Kunden werden?

Best Practice

Sarah arbeitet als Trainerin für große Firmen wie Lufthansa. In dieser Funktion deckt sie mehrere Themen ab, die auch andere anbieten: Kommunikation, Führung und Konflikt zum Beispiel. In diesen Bereichen verzeichnet sie sinkende Einkünfte. Sie merkt, dass die Konkurrenz groß ist und deshalb immer öfter auch andere Trainer gebucht werden. Sie hat die Idee, ein eigenes Konzept für ein ganz neues Training zum Thema „Unternehmerisches Denken für Mitarbeiter" zu entwickeln und dies den vorhandenen Kunden schmackhaft zu machen. Sie bietet ihren bisherigen Kunden Probetrainings an. Eines davon dokumentiert sie, um es für die Pressearbeit zu verwenden. Als sie bereits erste Aufträge von Altkunden bekommen hat, fragt sie die zuständigen Personaler, ob sie nicht noch jemand wüssten, zu dem das neue Trainingskonzept passen würde. Auf diese Art und Weise erhält sie einen Schwung von Namen und Telefonnummern. Das macht ihr die Akquise leicht – und der Erfolg stellt sich schnell ein.

NPS

Oft wird Unternehmen nahegelegt, die Empfehlungsbereitschaft ihrer Kunden mit dem so genannten Net Promoter Score zu messen (NPS). Das ist eine ganz reduzierte Form der Marktforschung. Sie stellen nur eine Frage, nämlich: „Mit welcher Wahrscheinlichkeit würden Sie unser Unternehmen/unsere Dienstleistung/mich einem Freund oder Kollegen weiterempfehlen?" Dabei gibt der Kunde die Wahrscheinlichkeit auf einer Skala von 1 bis 10 an. Wer mit 9 oder 10 antwortet, gilt als Promoter, mit 7 oder 8 als passiv zufrieden. In den USA wurde nachgewiesen, dass Unternehmen, die einen hohen Promoterscore haben, überdurchschnittlich erfolgreich sind. Je nach Kundenstamm können Sie diese Befragung persönlich oder mittels eines Fragebogens durchführen. Ergänzen Sie den Fragebogen um eigene offene Fragen mit Freitextfeldern wie:

- Was können wir tun, um uns zu verbessern?
- Haben Sie Ideen und Anregungen für uns?

Nachdem Sie die wärmsten Gefilde, also das Gebiet der vorhandenen Kunden, abgegrast haben, wandern Sie weiter. Dorthin, wo es auch warm ist: bei Ihren Bekannten und Freunden. Wie können Sie diese motivieren, Empfehlungen auszusprechen? Ich habe viele bestens vernetzte Selbständige erlebt, die im Freundeskreis keine Kunden gewinnen konnten. Das liegt meistens daran, dass dort nicht wirklich bekannt ist, was sie tun. Erklären Sie es! Jeder Bekannte sollte in der Lage sein, in einem halben Satz darzulegen, wofür er Sie empfehlen kann. Wenn er das nicht schafft, üben Sie es mit jedem einzelnen.

Auf den Plan

Der zweite Grund, aus dem Empfehlungen innerhalb des eigenen Kreises nicht funktionieren, liegt in Ihnen selbst. Gerade Frauen stellen sich nicht gern dar, sagen nicht, was sie können. Das führt dazu, dass sie auch nicht gesehen werden, wenn ein Auftrag zu vergeben ist.

Fallbeispiel

Ein gutes Beispiel für geschäftsschädigende Zurückhaltung liefert Sibylle, die Frau eines Bauunternehmers, die als Texterin arbeitet. Der eigene Mann gibt ihr keine Aufträge! Auch sein Netzwerk will er ihr nicht zur Verfügung stellen. Er ist der Meinung, dass es besser sei, wenn sie sich andere Kunden akquiriere. Da Sibylle das still akzeptiert anstatt laut zu protestieren und Unterstützung einzufordern, geht dies seit einigen Jahren so. Auf Parties und Veranstaltungen könnte Sibylle den Draht zu den Kollegen ihres Mannes selbst nutzen oder eigene Arbeiten vorstellen. All das tut sie nicht. Für die Kollegen bleibt sie die Ehefrau. Mit Textaufträgen gehen sie lieber zur örtlichen Werbeagentur.

Wo hier der Hebel anzusetzen ist, ist klar. Ein Coaching bewirkte eine Bewusstseinsänderung bei Sibylle. Langsam änderte sie ihre Verhaltensweisen. Am Ende schaffte sie es, dass die Kollegen ihres Mannes auf sie aufmerksam wurden. „Ich wusste gar nicht, dass du …“, war die häufigste Reaktion.

Event-Akquise

Warum tun, was alle machen? Erfolgreicher sind die anderen, kreativeren Ideen. Nutzen Sie doch ein Event für die wichtigsten Bekannten und Freunde als Akquiseplattform. Dort können Sie zeigen, was Sie tun, und darlegen, wie auch Ihr eigener Kreis davon profitieren kann. Leicht ist dies bei allen anfassbaren Leistungen: Einen Yoga-Meditationskurs können Sie auch mit Freunden machen, die Ergebnisse einer Imageberatung lassen sich vorführen. Doch IT-Technik? Marketing für neue Energien?

Wenn Ihre Kunden Unternehmen sind und Ihre Bekannten nicht, dann sind sie Durchreich-Empfehler – Menschen, die ihren Bekannten von etwas erzählen, das sie selbst nicht brauchen. Deshalb ist umso wichtiger, dass alle Parteien verstehen, wovon überhaupt die Rede ist. Und das sicherzustellen ist vor allem Ihr Job.

Der Freund erzählt dem eigenen Chef, dass sein Freund Entwickler ist und besonders spezialisiert auf das Backend von Internetseiten. Um das wiedergeben zu können, muss er erst mal verstehen, um was es da eigentlich geht. Eine kleine Präsentation könnte Wunder wirken, vielleicht sogar in ungewöhnlicher Umgebung, die dazu beiträgt, Gesehenes und Gehörtes im Kopf mit Erlebtem zu verknüpfen.

Best Practice

Die IT-Unternehmer Kai und Uwe luden ihre Bekannten zum Picknicken in einen Wildpark ein. Dort zeigten sie auf einem Riesenbildschirm die Website des Parks, deren Online-Shop sie angebunden hatten. Das stellten sie bildlich und für jedermann verständlich dar – etwa durch Sätze wie: „Durch uns ist es jetzt möglich, dass die Besucher gar nicht mehr herkommen müssen, sondern online Honig und Wildschweinpaste bestellen können."

Kontakte der Kontakte

Sie haben alle Kunden und Bekannten „durch"? Dann geht es in mittelwarme Gefilde, zu den Bekannten der Bekannten. Ihr Ziel ist es, Ihren Kundenkreis um eine bestimmte Gruppe zu erweitern, beispielsweise um Personalleiter? Dann überprüfen Sie, wer Ihrer Bekannten Personalmanager im eigenen Netzwerk hat. Dabei kann Xing sehr helfen, denn hier gibt es für Premiumkunden die Möglichkeit, gezielt nach Personen zu suchen, die bestimmte Bedingungen erfüllen, etwa in Ihrer Stadt wohnen und Personalmanager sind. Weiterhin können Sie ankreuzen „Kontakte ersten und zweiten Grades" und somit die mit ihnen direkt oder indirekt verbundenen Personen filtern. Handelt es sich um einen Kontakt zweiten Grades, kann jene Person den Kontakt herstellen, die zwischen Ihnen steht. Rufen Sie diese an oder schreiben Sie eine Mail und bitten Sie darum. Sie werden sehen, dass ein Gespräch wesentlich einfacher verläuft, wenn Sie gleich zu Beginn auf jemanden Bezug nehmen können und sagen „XY hat mir empfohlen, mich an Sie zu wenden."

Best Practice

Vor einigen Monaten bekam ich eine Mail über Xing. „Ich bin eine Kundin von XY", schrieb sie. XY ist ein guter Kollege, da lese ich weiter. „Er meinte, Sie könnte vielleicht mein neues Angebot interessieren." Es ging um eine neue Form der Videopräsentation, die für Berater passend scheint. Ich wurde sofort aufmerksam und habe mir diesen Kontakt gemerkt. Noch zögere ich, darauf zuzugehen. Aber ich bin sicher: Wenn von dieser Seite noch einmal etwas Interessantes kommt, werde ich handeln.

Mein Verhalten ist übrigens typisch: Je entfernter der Kontakt, desto länger brauchen Sie, um auf ihn zuzugehen. Deshalb ist es gut, gerade bei der Ansprache von Kontakten der Kontakte noch mal nachzulegen. Und noch mal. Am besten crossmedial und auf verschiedenen Ebenen. Nur Xing nervt, nur Mail auch, ewige Anrufe erst recht. Von jedem etwas ist unberechenbar genug und hat einen geringeren Penetrationseffekt – es nervt nicht so und ist deshalb wirksamer.

Mit Persönlichkeit punkten

Ich weiß nicht, womit ich punkten kann.

Gerade im Dienstleistungsbereich ist der Mensch entscheidend und nicht sein Angebot. Ein Beispiel: In meiner Datenbank sind etwa 20 Designer, an die ich mich erinnern kann, wenn mich jemand um eine Empfehlung bittet. Jeder bietet eine ordentliche, aber letztendlich vergleichbare Dienstleistung. Ich schaue mir immer genau an, welcher Kunde fragt, und empfehle entsprechend. Eine Designerin ist von Stil und Habitus geeignet, auch in oberen Etagen zu präsentieren, ein Grafiker ist sehr dienstleistungsorientiert und passt zu größeren, aber konzeptionell bereits klaren Aufträgen. Die beiden Inhaberinnen einer Agentur sind flippig, das geht gut bei Medienleuten und manchen Vereinen. Und so weiter. Bei Fotografen, Textern, Beratern und Coachs laufen ähnliche Filme in meinem Kopf ab. Bei meinen Kollegen ist es genauso, wir haben uns kürzlich darüber ausgetauscht. Nicht die Leistung einer bestimmten Selbständigen-Berufsgruppe löst eine Empfehlung aus, sondern

- das Auftreten,
- das Ambiete, in dem sie arbeiten,
- die bisherigen Erfahrungen,
- die Art , wie sie an Aufträge herangehen.

Ich kenne eine Super-Fotografin, deren Atelier sich jedoch in ihrer Privatwohnung befindet. Das hält ihre Kosten niedrig, zumal sie oft für

Werbeagenturen arbeitet. Aber bestimmte Kunden kann ich da nicht hinschicken – die wären entsetzt.

Website

Sie sehen: Es geht bei Empfehlungen im Dienstleistungsbereich nicht um den Inhalt, das Produkt, das Angebot. Es geht um die dahinter stehende Person oder die Personen. Deshalb ist es so unglaublich wichtig, dass diese erkennbar sind.

Die typische Präsentationsplattform der heutigen Zeit ist die Website. Visitenkarte, Flyer: meiner Ansicht nach alles nur Beiwerk und der Flyer meist sogar überflüssig. Die Website entscheidet. Wenn ich jemanden empfehle, dann will mein Gegenüber in 99 Prozent der Fälle erst mal die Website sehen (in dem verbleibenden einen Prozent reicht ihm eine Telefonnummer). Es ist also ein Drama, wenn Empfehlung und Website nicht harmonieren. Und das ist leider sehr oft der Fall. Ich erzähle dem Interessenten beispielsweise von einer Frau, die unheimlich breite Kenntnisse im Bereich Internet besitze – und auf der Website sieht man Illustrationen. Oder: Ich empfehle jemanden als besonders kreativ und die Website ist von der Stange.

Hinzu kommen all die veralteten und semiprofessionellen Seiten. Als Leser dieses Buches sind Sie ja meist schon etwas länger im Geschäft. Und da passiert es nicht selten, dass sich Ihr Internetauftritt nicht dem eigenen Wachstum und Ihren diversen Veränderungen angepasst hat. Falls das auf Sie zutreffen könnte, werfen Sie doch wieder einmal einen Blick auf Ihre Seite:

- Erkennt ein fremder Besucher, was Sie besonders macht?
- Scheint Ihre Persönlichkeit durch?
- Ist das Angebot klar genug und zugespitzt?
- Kann es sein, dass Sie aus Angst, auf etwas zu verzichten, einfach zu viele Dinge offerieren?

Telefon-Golf

Ich habe akquiriert und es hat nicht geklappt.

Das ist ein Statement. Doch wenn ich es höre, stelle ich eine Gegenfrage: „Was genau haben Sie gemacht?" Als Antwort kommt immer: „Ich habe angerufen." Oder: „Ich habe einen Brief geschickt und dann angerufen." Dann frage ich, wie oft. Und ziemlich sicher ist es ein einziges Mal gewesen – ein Mal! Maximal ein Mal versuchen die meisten Akquisiteure zu ihren potenziellen Kunden durchzudringen. Es ist klar, dass das nicht erfolgreich sein kann. Sehen Sie Akquisen als Projekte. Je kälter das Gebiet ist, in dem Sie starten, desto mehr Zeit benötigen Sie. Die Erklärung dafür ist ganz einfach: Man kennt Sie nicht, und selbst nach einem Brief und einem Anruf haben Ihre potenziellen Kunden Sie noch nicht auf dem „Schirm". Sie können meist nicht mal erinnert werden. Das typische Argument „Ich will nicht nerven" ist deshalb keines, weil Sie dazu als Unbekannter noch viel zu unwichtig sind. Wer gleich wieder vergessen wird, kann nicht nerven. Und wenn doch, ist dies sogar ein positives Zeichen: In dem Moment, in dem Sie so auffallen, dass man Sie bemerkt, werden die Angerufenen auch geneigt sein, Ihre Anfrage zu bearbeiten. Und genau das sollte das Ziel jeder Aktion sein: ein Projekt zu starten, das erst mit einem eindeutigen Ja oder Nein beendet ist.

Ich vergleiche das gern mit Golfspielen: Sie beginnen mit einem Schlag, aber der Ball ist nur selten sofort im Loch. Sie müssen sich überlegen, was Sie als nächstes tun, wo Sie ansetzen, um den Ball weiter vor sich her bis ins Ziel zu treiben. Vier, fünf, ja acht Schläge sind da keine Seltenheit. Je komplexer eine Dienstleistung, desto länger dauert es, sie zu verkaufen. Manches schließlich erfolgreiche Vertriebsprojekt hat ein Jahr und länger in Anspruch genommen. Marco, ein Videofilmer, hat gar die Erfahrung gemacht, dass Kunden teilweise erst zwei Jahre nach dem Erstkontakt einen Film in Auftrag gaben.

Stellen Sie sich bei der Akquise vor, Sie würden Geld dafür bekommen – 80 Euro netto pro Stunde. Schreiben Sie sich genau auf, welche

Schritte Sie setzen. Und rechnen Sie am Ende Ihre Akquiseinvestition aus: Sie haben damit auch den Wert Ihres Unternehmens deutlich gesteigert. Es wäre doch schade, wenn Sie all das Geld verpulvern, nur weil sie mittendrin aufhören oder dann, wenn es schwierig wird, nicht weitermachen.

Drängeln!

Ich will niemandem zur Last fallen und akquiriere deshalb nicht.

Dieses Argument kommt sehr oft. Viele brechen ihre Akquise ab, weil die Gesprächspartner verhalten oder gar ablehnend reagieren. Aus einer Nicht-Reaktion schließen sie: Der will nicht. Das Nein wird so vorweggenommen. Damit machen Sie es sich sehr leicht, denn Sie liefern sich die Argumente, aufzuhören. Natürlich ist das Selbstbetrug, denn Sie wissen nicht, ob es wirklich ein Nein geben wird, solange dies nicht klar ausgesprochen ist. Mit der altbekannten Weisheit, dass 99 Prozent aller Neins in ein Ja umgewandelt werden können, verschone ich Sie hier (und erinnere allein dadurch ganz sanft daran). Nur ein echtes Nein kennzeichnet ein abgeschlossenes Akquiseprojekt.

Wer niemandem zur Last fallen will, ist selten eine aufdringliche Person, sondern meist das Gegenteil. Wenn Sie also durch diesen Glaubenssatz blockiert sind, können Sie davon ausgehen, dass Sie ruhig ordentlich aufdrehen können. Ihr Gegenüber wird Sie anders wahrnehmen als Sie sich selbst. Meist steckt die Angst vor Ablehnung hinter der Befürchtung, jemandem lästig zu fallen. Überwinden Sie sie, indem Sie Ihre Jobs einfach abarbeiten, als wären Sie bei sich selbst angestellt. Denken Sie daran, dass es um Geld geht und Sie dieses Kapitel lesen, um mehr davon zu bekommen. Lassen Sie sich ruhig von Ihrer Gier treiben und blenden Sie allzu viel Rücksichtnahme aus.

Rechtliche Grundlagen

Dies ist der richtige Zeitpunkt, um einmal über rechtliche Grundlagen der Akquise zu sprechen. Diese sind nur im Konsumentenbereich eindeutig: Sie dürfen nicht einfach Privatkunden anrufen. Bei Unternehmen muss ein nachweisbares Interesse an Ihrer Dienstleistung bestehen. Experten empfehlen deshalb, zuerst einen Brief zu schreiben, in dem Sie Ihren Anruf ankündigen. Dieser Brief soll ausdrücklich persönlich adressiert sein. Wird diesem nicht widersprochen, kann das Interesse vorausgesetzt werden. Doch ein Brief ist nicht immer die richtige Methode. Ich verrate Ihnen ein Geheimnis: Ich selbst schaue mir gar keine „Snail-Mail", also traditionelle Briefpost, mehr an, auch wenn „Svenja Hofert persönlich" darauf steht. Das öffnet alles meine Mitarbeiterin. Mir ist zu viel Werbung dabei. Wer mich akquirieren will, sollte dies über die Empfehler-Methode tun oder über eine E-Mail. Allerdings sind die diesbezüglichen Gepflogenheiten in jeder Branche anders. Möglicherweise ist es auch eine Generationenfrage: Je jünger Ihre Ansprechpartner und desto eher sie in modernen Branchen arbeiten, desto internetaffiner sind sie meist. Im Zweifel: ausprobieren. Schicken Sie einen Schwung Kontaktbriefe und einen weiteren Schwung per Mail und sehen Sie, was besser ankommt.

Sagen wir es so: Wenn Sie Ihre Kunden über Empfehlungen generieren können – sehr gut. Wenn nicht, kommen Sie um Kaltakquise kaum herum, es sei denn, Sie besitzen einen Laden, so dass die Kunden zu Ihnen kommen und nicht umgekehrt. Doch ist diese Form der Kundenansprache überhaupt erlaubt?

Schauen wir uns einmal das Gesetz an, das in Deutschland 2009 aktualisierte und geänderte Gesetz gegen den Unlauteren Wettbewerb UWG. In dem Paragrafen, der die Beziehung zu anderen Geschäftskunden regelt, steht:

> (3) Abweichend von Absatz 2 Nr. 3 ist eine unzumutbare Belästigung bei einer Werbung unter Verwendung elektronischer Post nicht anzunehmen, wenn
>
> 1. ein Unternehmer im Zusammenhang mit dem Verkauf einer Ware oder Dienstleistung von dem Kunden dessen elektronische Postadresse erhalten hat,
> 2. der Unternehmer die Adresse zur Direktwerbung für eigene ähnliche Waren oder Dienstleistungen verwendet,
> 3. der Kunde der Verwendung nicht widersprochen hat und

4. der Kunde bei Erhebung der Adresse und bei jeder Verwendung klar und deutlich darauf hingewiesen wird, dass er der Verwendung jederzeit widersprechen kann, ohne dass hierfür andere als die Übermittlungskosten nach den Basistarifen entstehen.

Sie müssen ein sachliches Interesse des Anzurufenden vermuten können – und dieses im Zweifel beweisen. Am sichersten ist eine vorherige Einwilligung des Beworbenen, zum Beispiel durch das Abonnieren eines Newsletters. Unter Unternehmen sind Abmahnungen selten, dennoch können sie vorkommen, wenn Sie dem Kunden allzu lästig fallen. Zeigt also ein umworbener potenzieller Kunde deutlich die kalte Schulter oder sagt klar nein zu Ihrem Angebot, streichen Sie ihn von Ihrer Liste.

Übrigens sollte auch Ihr Stil angemessen und seriös sein. Seit 2009 ist nämlich auch die „Mitleidstour" verboten – das steht in einer 30 Punkte umfassenden „schwarzen Liste" des UWG. Bei der Mitleidstour handelt es sich um die Angabe, dass der Arbeitsplatz oder Lebensunterhalt des Unternehmers gefährdet sei, wenn der Verbraucher die Ware oder Dienstleistung nicht abnimmt. Aber so etwas würden wir doch ohnehin nie machen, nicht wahr?

Personality kills

Ich kann mich nicht verkaufen.

Einmal erzählte mir ein in Studienzeiten bei einem Telefonanbieter freiberuflich tätiger Kunde, wie ein Kollege reihenweise Verträge abzockte, indem er das Bild seiner angeblich kranken Tochter zückte und ein Jammerlied anstimmte. Es ist schade, dass solche Methoden erfolgreich sind, und gut, dass Sie auf der Verbotsliste stehen. So skrupellos sind die wenigsten. Meist hemmt etwas ganz anderes: der Zweifel in Bezug auf das eigene Verkaufstalent.

„Ich kann mich nicht verkaufen" ist wahrscheinlich der typischste Satz, der zu hören ist, wenn es um Akquise geht. Meine Antwort: Das ist mit Abstand das Beste, was Ihnen passieren kann! Wer nicht verkaufen kann, oder es denkt, verkauft meist besonders authentisch und deshalb nachhaltig. Ich bin selbst überhaupt kein Verkäufer. Ich sage Kunden klar und deutlich, was ich biete und was nicht. Ich lasse ihnen Zeit zum Nachdenken und die Freiheit zur Entscheidung. Ich stelle meine Dienstleistung auch nicht in schillernden Farben da und gebe Grenzen zu. Das hat bisher funktioniert. Ein Kollege von mir dagegen hält potenziellen Kunden den Stift, wenn es um die Unterschrift unter einen Beratungsvertrag geht. Er lässt ihnen keine Zeit zum Nachdenken und wickelt sie ein.

Auf diese Weise bekommt er mehr Anfangskunden, hat aber auch einen größeren „Schwund“. Wer ist unterm Strich erfolgreicher? Genau. Doch letztlich muss jeder den Weg finden, der zur eigenen Persönlichkeit passt. Darüber haben wir schon im Zusammenhang mit Empfehlungen gesprochen. Beim persönlichen Verkauf kommt Persönlichkeit erst recht zum Tragen.

Das heißt aber nicht, dass jeder Stil erlaubt ist (siehe oben). Es heißt auch nicht, dass Sie nicht üben müssten. Aber es sind meist die ganz simplen Dinge, die zu verbessern sind. Wer von sich selbst sagt, dass er nicht verkaufen kann, nimmt sich fast immer zurück. Das heißt, die eigenen Äußerungen sind vorsichtig und einschränkend. Dies ist im Rahmen der Akquise nicht zielführend. Ihre Kunden wollen ja die Vorzüge Ihres Angebots kennenlernen und nicht dessen Nachteile.

Wenn Sie Menschen gewinnen wollen, sollten Sie positiv über Ihr eigenes Angebot sprechen und seine Vorzüge herausstellen. Dazu ist es gar nicht nötig zu sagen, wie toll Sie sind, aber hilfreich, Empfehlungen zu geben (die Sie idealerweise mit Beispielen untermalen). Sie sagen dann zum Beispiel; „Habe ich richtig verstanden, dass es Ihnen wichtig ist, eine kurze und komprimierte Beratung von mir zu erhalten? Dann empfehle ich Ihnen mein Angebot „Unternehmensberatung kompakt.“ Das heißt: Lassen Sie Ihre potenziellen Kunden nicht auswählen, sondern bieten Sie an. Das ist wie im Restaurant. Wenn der Kellner sagt, der Koch habe heute frischen Wels im Angebot, den er mit einer eigenen Kartoffel-Lauch-Kreation garniere, so nehmen Sie wahrscheinlich nichts mehr von der Karte – jedenfalls, wenn Sie Fisch mögen. Was der gute Kellner vorher bei Ihnen erfragt hat.

Menschen brauchen Klarheit, denn Sie kommen mit Zweifeln zu Ihnen. Deshalb dürfen Sie sie nicht mit zu vielen Möglichkeiten überfordern, und erst recht nicht mit Einschränkungen, was alles nicht geht. Einfache Regel, großer Effekt: Stellen Sie das Angebot in den Vordergrund und formulieren Sie es als persönliche Empfehlung an den Kunden.

Ich mache es so: Zuerst erfrage ich das Bedürfnis und sage dann klar, wozu ich rate. „Ich empfehle Ihnen …" ist ein Satz, der sehr gut ankommt. Die Sicherheit, die dieser Satz ausdrückt, ist genau das, was ein Kunde, der lockeres Interesse an Ihrer Dienstleistung hat, sucht – sie weckt Vertrauen.

Kein Vielleicht

Deshalb haben auch Zeichen von Unsicherheit die sich meist in Worten wie „eigentlich" oder „vielleicht" niederschlägt in Ihrem Gespräch nichts zu suchen. Sagen Sie ruhig, wenn Sie ein bestimmtes Ergebnis nicht garantieren können – streichen Sie aber Unsicherheitsworte aus Ihrem Sprachschatz. Dabei helfen Rollenspiele mit einem Coach oder auch mit einem einigermaßen neutralen Partner. Wenn Sie telefonisch überzeugen wollen, so spielen Sie vorher die Situation auch am Telefon durch.

Neben Unsicherheit ist es oft auch eine zu komplexe Darstellung, die zum Misserfolg beim Verkaufen führt. Was Sie anbieten, muss in einem halben Satz formuliert werden können und darf keine Erklärungen erfordern. Wenn Sie zu viele Worte zur Erklärung brauchen, schauen Sie sich Ihr Angebot doch noch einmal genau an.

Oder kann es sein, dass Sie gleich mehrere Dinge in einem Gespräch platzieren wollen? Das überfordert! Werfen Sie nie mehr als ein Eisen ins Feuer – das heißt: Bieten Sie eine einzelne konkrete Leistung an und nicht etwa eine ganze Menükarte zum Auswählen. Erinnern Sie sich an Ihre Restaurantbesuche. Sind Sie nicht auch in den meisten Fällen der warmen mündlichen Empfehlung eines Kellners gefolgt? So eine sollten Sie auch geben können; das ist gut fürs Geschäft.

Liegt's an Ihnen?

Es kommt nichts rum bei der Akquise.

Ich gehe jetzt davon aus, dass Sie Akquise als Projekt sehen, gegenüber Ihren Kunden klare Empfehlungen aussprechen und sich auf Ihrer Website positiv darstellen. Die vorherigen Kapitel – abgehakt. Wenn Sie bis hierher gelesen haben und sich dennoch mit diesem Satz identifizieren können, stimmt sehr wahrscheinlich Ihr Produkt nicht. Wie kann das sein?

Best Practice

Mein Steuerberater schickte mir seine Bekannte Uta, deren Umsatz seit Jahren erschreckend niedrig lag. Sie betrieb eine Werbeagentur für kleine Unternehmen. Hier bot sie alles an, von der Anzeige bis zur Website. Leider sahen die Websites wenig professionell aus und entsprachen nicht mehr dem State of the Art der heutigen Zeit. Auch die Anzeigen waren viel zu textlastig. Und das Schlimmste: überall Rechtschreibfehler. Wir ermittelten den „NPS": Keiner der Ex-Kunden würde Uta bedenkenlos empfehlen, bei allen herrschte nur mittlere Zufriedenheit. Was dagegen gelobt wurde, war der große Einsatz und die zeitliche Flexibilität. Uta stellte ihre eigene Kommunikation auf diese Vorteile ab und begab sich in eine enge Kooperation mit einer Texterin. Nach einem Jahr hatte sie den Umsatz um 25 Prozent erhöht. Ein Kunde hatte sie bereits aktiv weiterempfohlen.

Das Beispiel zeigt deutlich, dass die Ursache für einen schlechten Umsatz auch beim Anbieter selbst liegen kann. Je länger er im Geschäft ist, desto mehr blinde Flecken hat ein Selbständiger. Dies lässt sich nur durch regelmäßiges Hinterfragen des eigenen Geschäftsmodells vermeiden. Ist mein Angebot wirklich noch zeitgemäß? Ist es so gestaltet, dass es automatisch Empfehlungen auslöst? Kann ich es so kommunizieren, dass im Gespräch auf Veranstaltungen sofort Kunden „anbeißen"? Können Sie diese Fragen nicht sicher mit ja beantworten, schauen Sie genauer hin und schärfen Sie Ihr Profil:

- In welchen Bereichen sind Sie wirklich besser als andere in Ihrer Branche?
- Welches Ihrer Angebote bringt am meisten Umsatz und ist am stärksten nachgefragt?

Konzentrieren Sie sich darauf und seien Sie geduldig. Haben Sie keine Angst davor, etwas NICHT anzubieten. Das viel größere Problem ist meist das ZUVIEL.

Der Kunde zahlt nicht ... und weitere Geld-Fallen

Mein Kunde weigert sich, (alles) zu bezahlen, oder zahlt nicht pünktlich.

Das liebe Geld! Immer geht es um zu wenig und nie um zu viel davon. In diesem Kapitel stehen kleine Finanz-Fallen im Mittelpunkt, die sich zur großen Krise auswachsen können. Meine Erfahrung: Es sind Fallen, in die jeder Selbständige früher oder später tappt. „Der Kunde zahlt nicht" – irgendwann passiert es jedem das erste Mal. Varianten dieses Dramas heißen „Der Kunde zahlt nur einen Teil" oder „Der Kunde zahlt viel zu spät" (da bin ich schon pleite). Fast jeder Selbständige hat hin und wieder einen „bösen" Kunden, der nicht selten direkt eine größere Summe verweigert. Schauen wir uns dazu mal an, was Nike erlebt hat.

Fallbeispiel

Die Webdesignerin Nike hatte sich einen großen Auftrag gesichert. Ihr neuer Kunde brauchte laufende Beratung und dauernde Vor-Ort-Einsätze. Sie sollte für ihn einen großen Online-Shop realisieren und sich gleich auch um das Suchmaschinenmarketing kümmern. Drei Monate arbeitete sie mehr oder weniger ausschließlich für diesen Auftrag. Im Laufe der Zeit kamen rund 25.000 Euro zusammen, denn der Kunde wollte ständig Erweiterungen. Nike schrieb für alle neuen Briefings auch brav neue

Aufträge. Er wusste also zu jedem Zeitpunkt, was bzw. wie viel an Honorar auf ihn zukommen würde. Doch das Ende war trotz dieser Transparenz nicht happy. Der Auftraggeber, der so liquide und solide gewirkt hatte, zahlte nicht. Frist um Frist verstrich. Er habe derzeit kein Geld, redete er sich heraus. Er warte selbst auf eine größere Zahlung. Die habe er eingeplant, um Nike bezahlen zu können. Sobald die käme, gäbe es auch Geld. Da Nike alles auf diesen Auftrag gesetzt hatte und keine Rücklagen hatte, musste sie sich eine größere Summe leihen, um die Zeit zu überbrücken. Nach der Rechnung schickte sie die erste Mahnung, dann noch eine und noch eine. Dazwischen Anrufe, Mails. Monate verstrichen, schließlich schaltete sie einen Anwalt ein. Nun begann der Kunde, die hohe Auftragssumme in Frage zu stellen, und schrieb lange Beschwerdebriefe über angebliche Fehler. Sie behob alles, wobei vieles gar kein Fehler war. Daraufhin war der Kunde endlich zu einem Kompromiss bereit. Am Ende einigten sich Nike und der Kunde über den Anwalt auf eine Zahlung in drei Raten.
Das war ein einschneidendes Erlebnis. Im Nachhinein sagt Nike, sie hätte nicht erkennen können, dass dieser Kunde zahlungsunwillig ist. Sein Shop lag in einer teuren Gegend, sein Warenlager war voll. Die Engpässe waren offensichtlich nur vorgeschoben.

Best Practice

Seitdem arbeitet Nike nie mehr einfach so drauflos, sondern besteht bei größeren Projekten auf einer Anzahlung von 50 Prozent. Außerdem lässt sie sich bei wichtigen Aufträgen eine Schufa-Auskunft über den Kunden ziehen.

Letztendlich hat Nike also Glück gehabt: Der Kunde hatte schlussendlich das Geld, um den Auftrag zu bezahlen. Es hätte auch anders kommen können. Wenn gar kein Geld da ist, etwa weil der Auftraggeber insolvent ist oder insolvent geht, geht auch der Auftragnehmer leer aus. Dass das Recht auf Ihrer Seite ist, hilft Ihnen dann kaum weiter: Wo kein Geld ist, lässt sich auch keines holen. Nicht wenige Unternehmer in oder kurz vor der Insolvenz geben bewusst Aufträge hinaus, um ihr sinkendes Schiff noch zu retten (oder weil sie denken, es noch zu können). Sie freuen sich über gutgläubige Selbständige und kleine Unternehmen, die die finanzielle Situation selten hinterfragen. So gutgläubig sind große Firmen selten. Sie sollten also auf der Hut sein.

Mein Kunde ist mir unheimlich.

Es steht Ihnen offen, die Liquidität des Kunden durch eine Schufa-Anfrage zu prüfen. Dann wissen Sie auf jeden Fall, ob Geld da ist oder der Kunde womöglich sogar in einer Insolvenz steckt. So eine Auskunft kann sich auch für kleinere Unternehmen und Freiberufler lohnen, sobald es um größere Projekte geht wie im Fallbeispiel von Nike. Sind die Firmeninhaber natürliche Personen, erfahren Sie auch gleich, wie es um die Privatperson finanziell bestellt ist. Allerdings sind die Kosten einer Schufa-Auskunft nicht für eine einmalige Nutzung konzipiert. So beträgt der monatliche Mindestumsatz bei Nutzung des SchufaWeb 50 Euro. Da Sie allerdings laufend kündigen können und nicht an eine dauernde Mitgliedschaft gebunden sind, lohnt sich das durchaus auch für den Einzelfall.

Der Mindestumsatz wird mit den Gebühren für die laufenden Einzelabfragen verrechnet – schlecht also, wenn Sie nur eine stellen. Eine Kompaktauskunft über ein ins Handelsregister eingetragenes Unternehmen kostet 9,50 Euro, die Schufa-Auskunft über Freiberufler, Kleinunternehmer ohne Firmierung und Verbraucher kostet 5,90 Euro. Wichtig: Ist Ihr Kunde nicht in einem Register eingetragen, müssen Sie zuvor sein Einverständnis einholen. Sie kennen das sicher selbst von Vermietern, die sich Ihre Bereitschaft zur Schufa-Auskunft unterschreiben lassen, wenn Sie eine Wohnung mieten möchten.

Zwielichtige Gestalten

Dubiose Kunden gibt es überall. „Frau Hofert, der Kunde wirkt irgendwie zwielichtig, schauen Sie sich mal die Website an", schrieb mir neulich eine Klientin. Jemand aus der Finanzbranche hatte sie über Xing kontaktiert und wollte ein Angebot. In der Tat wirkte die Seite verdächtig, so richtig eindeutig konnte man das aber nicht festmachen. So waren Nachrichten vier Jahre alt, in der Telefonnummer befand sich ein Fehler. Trotzdem hatte es den Anschein, als würde Geld dahinter stecken; es ging um Geldanlage. In so einem Fall ist Spionage ein legitimes Mittel!

Nutzen Sie Google oder Personensuchmaschinen wie Yasni, wenn der Kunde auch nur ein leichtes Bauchgrummeln auslöst. Taucht er an anderen Stellen im Internet auf? In welcher Funktion? Ist er gar Thema einer Diskussion? Betreibt er dubiose Internetseiten? Suchen Sie bei Zweifeln das persönliche Gespräch. Büroräume sagen eine Menge aus. Ist jemand nur mit einer Postkartenfirma unterwegs oder arbeitet zwischen Kisten, gilt Alarmstufe Rot. Auch ein unklares oder zwielichtiges Geschäftsmodell sollte Sie stocken lassen. Wenn etwa ein Unternehmen hinter seiner Etablissementbezeichnung – so heißt bei Selbständigen ohne Registereintrag der „Firmenname“ – keinen Namen stehen hat, horchen Sie auf.

Fallbeispiel

Peter bekam die Anfrage, ob er für einen neuen Pizzaservice Werbepostkarten erstellen wolle. Der Pizzaservice namens Pizzageldpower (Etablissementbezeichnung) wickelte seine Geschäfte derart ab, dass über eine Hotline pro Anruf Geld eingezahlt wurde, das im Anschluss für eine Pizzabestellung abgebucht wurde. Ein mieser Verführer für alle Kids und Jugendlichen. Die Auftraggeber wollten keine Namen nennen, auch auf der Werbepostkarte sollte nichts stehen. Dabei war das Unternehmen ein Einzelunternehmen und somit zur Nennung des Vor- und Nachnamens im Zusammenhang mit der Etablissementbezeichnung verpflichtet. Peter erledigte den Auftrag trotz Bauchgrummenls und wurde leider bestätigt: Die Rechnung an die genannte Adresse kam zurück; es handelte sich um eine rein virtuelle Firma, die nur aus der Hotline-Nummer bestand.

Auslandsdrama

Ein besonders heikles Thema sind Aufträge von ausländischen Unternehmen. Firmen mit Sitz im Ausland ist kaum beizukommen, wenn sie sich der Zahlung entziehen. Ob ein internationaler Geschäftspartner liquide ist, können Sie aber ebenso über das Internet erfahren. Hier liefert die Bürgel-Datenbank (www.buergel.de), die auch die Schufa-Daten beherbergt, den Input. Das Mahnverfahren außerhalb der Landesgrenzen ist mit rund 200 Euro aber teuer und aufwändig. Bei der Annahme von grenzüberschreitenden Aufträgen ist also besondere Vorsicht geboten. Wenn irgend möglich, sollten Sie sich den Auftrag oder zumindest einen größeren Teil vorab bezahlen lassen.

Was Sie misstrauisch werden lassen sollte:

- Das Unternehmen hat keine Firmenbezeichnung oder keine korrekte. Korrekt ist bei einem gewerblichen Einzelunternehmen „Fantasiename Hugo Muster“, bei einem Freiberufler kann auf den Vornamen verzichtet werden. Korrekt ist bei einer Gesellschaft bürgerlichen Rechts (GbR) „Fantasiename Hugo Muster & Sabrina Beispiel GbR“.
- Die Website beinhaltet keine Postadresse, sondern nur ein Postfach.
- Die Website ist veraltet.
- Der Betreiber der Website findet sich beim Googeln noch in anderen Funktionen.
- Sie finden heraus, dass es in der Vergangenheit eine Insolvenz gegeben hat.

Wichtig: Es gibt keine hundertprozentig eindeutigen Kriterien. Sprechen Sie Ihren potenziellen Kunden auf Ungereimtheiten an. Lassen Sie sich im Zweifel Referenzen nennen, die Sie anrufen können. Und die Anzahlung nicht vergessen – mehr dazu im nächsten Kapitel.

Erst Geld, dann Arbeit

Ich brauche einfach mehr finanzielle Sicherheit und Planung.

Auch bei Aufträgen, die Sie von einem Kunden vor Ort erhalten, ist die Vorabzahlung eine gute Lösung. Nicht wenige Firmen verlangen von Neukunden grundsätzlich die Bezahlung im Voraus. „Neukunden müssen bei uns den Erstauftrag vorab bezahlen”, schreibt etwa die Sportfabrik Hamburg auf ihrer Internetseite. Je anonymer das Geschäftsverhältnis, desto eher empfiehlt sich diese Herangehensweise. Aber auch in bestimmten Branchen bietet sich die Vorauszahlung an. Im E-Commerce etwa.

Paypal

Ich selbst betreibe Online-Shops und spreche aus vielen Jahren Erfahrung. So nett es für Kunden ist, wenn Sie die Zahloption „Rechnung" haben, so gefährlich ist es für Sie. Die Ausfälle sind hoch. Lastschrift macht das kaum besser, sondern eher teurer. Ideal ist dagegen Paypal. Die Anzahl der Zahlungsausfälle ist minimal, und die Gebühren pro Vorgang, die Paypal für sich abrechnet, gleichen die vielen nicht bezahlten Rechnungen, zum Beispiel über Lastschrift, locker aus. Kreditkarte ist ebenso sicher, aber durch die Monatsgebühr, die jeder Shopinhaber für die Bereitstellung des Services zahlen muss, nicht so attraktiv wie Paypal. Meine Erfahrung ist außerdem, dass die Akzeptanz für diese Zahlungsmethode sehr groß ist. Etwa 50 Prozent meiner Kunden bezahlen über Paypal, obwohl auch Rechnung möglich ist.

Selbst bei Kunden, denen Sie vertrauen, sollten Sie eine Zahlung nach Auftragserteilung vereinbaren, sobald es um größere Summen geht. Nike aus unserem Fallbeispiel hätte Folgendes tun können:

- 50 Prozent Anzahlung direkt nach Auftragserteilung,
- alternativ Zahlung nach Meilensteinen im Projekt, zum Beispiel nach Fertigstellung des Konzepts oder nach Implementierung des Shop-Modells,
- Arbeitsbeginn erst bei Geldeingang,
- weitere Aufträge erst in Angriff nehmen, wenn der erste bezahlt ist.

Vereinbaren Sie die Zahlweise so, dass bei Ihnen erstens keine Engpässe und zweitens keine Zahlungsausfälle entstehen. Im Fall von Nike handelte es sich um einen größeren Auftrag über mehrere Monate. Dann ist es dramatisch und existenzbedrohend, wenn der Kunde nicht zahlt. Es kann aber auch sein, dass Ihre Produkte nur wenige hundert Euro wert sind, der Verlust eines einzelnen Auftrags also verkraftbar wäre, Sie aber trotzdem die eigene Liquidität erhöhen möchten. Ein

Kostümschneider könnte eine Anzahlung über eine feste Summe vereinbaren. Eine zusätzliche Sicherheit bekäme er, wenn er festlegt, das fertige Produkt erst auszuliefern, wenn die Gesamtsumme bezahlt ist.

Recht ist …

Doch wie ist eigentlich die Rechtslage? Ganz einfach – das legen Sie fest: Indem Ihr Kunde auf Ihre Forderung, zum Beispiel nach Anzahlung, eingeht, gilt der Vertrag als geschlossen. Diese Vereinbarung gehört dann zu den Allgemeinen Geschäftsbedingungen AGB, ohne dass Sie diesen Begriff darüber schreiben müssen. AGB ist alles, was Sie mit Ihrem Kunden vereinbaren. Haben Sie nichts vereinbart, gilt das Bürgerliche Gesetzbuch. Und hier steht:

Der Unternehmer kann von dem Besteller für eine vertragsgemäß erbrachte Leistung eine Abschlagszahlung in der Höhe verlangen, in der der Besteller durch die Leistung einen Wertzuwachs erlangt hat. Wegen unwesentlicher Mängel kann die Abschlagszahlung nicht verweigert werden.

Der Gesetzestext bezieht sich auf Werksverträge, also solche Verträge, bei denen Sie dem Auftraggeber ein Werk schulden und nicht etwa das Ableisten von Stunden (das nennt sich Dienstvertrag). Der Bau eines Hauses, aber auch das Schneidern eines Kostüms sind Aufträge auf Werksvertragsbasis. Der Beratungsauftrag auf Stunden- oder Tagessatzbasis dagegen entspricht einem Dienstvertrag. Hier gilt ohne explizite Vereinbarung: Zahlung nach Leistung. Aber auch das kann anders vereinbart werden. Sie müssen es nur bereits bei der Angebotserstellung kommunizieren. Und Ihr Kunde muss es akzeptieren. Am besten lassen Sie es sich unterschreiben, zum Beispiel auf dem Angebot, das Sie sich zurückfaxen oder schicken lassen. Auch eine bestätigte E-Mail ist rechtsgültig.

Meilensteinzahlungen

Falls Ihr Kunde mit einer Vorauszahlung nicht einverstanden ist, finden Sie kreative Lösungen, denen beide zustimmen können. Sofern sich ein Auftrag in abgrenzbare Teilprojekte gliedern lässt, können Sie die einzelnen Teile als separate Vorgänge betrachten und nach Leistungserbringung ganz normale Einzelrechnungen stellen (vorher absprechen!). Dies ist üblich im Projektgeschäft. Hier rechnen Sie monatsweise ab – sollten aber auch das explizit vereinbaren. Scheint Ihnen eine 14tägige Zahlweise angesichts Ihrer Finanzsituation sinnvoller, so liegt es in Ihrem Ermessen, auch dies zu vereinbaren. Alles geht, so lange der Geschäftspartner mitzieht.

Mini-Fristen

Alles lässt sich regeln – und am besten kürzen. Das gilt auch für Zahlungsfristen. Die gesetzliche Frist beträgt 30 Tage. Haben Sie also nichts anderes vereinbart, gilt die Monatsfrist. Doch wäre es nicht besser, wenn das Geld schon nach zehn Tagen auf Ihrem Konto wäre? Wer statt 30 Tagen zehn vereinbart, ist liquider und lässt seinen Geldberg auch schneller anwachsen. Denn die gewonnenen 20 Tage können Sie in Tagesgeld investieren. Bei 10.000 Euro und 3 Prozent sind das immerhin etwa 25 gesparte Euro im Monat. Seien Sie aber nicht zu hart. „Sofort zahlbar" ist nicht realistisch, sofern es sich um größere Summen handelt.

Reminder

Der Kunde zahlt nicht pünktlich? Das könnte daran liegen, dass Sie ihm zu lange Zeit lassen, die Frist also zu lang ist. Meine persönliche Erfahrung: Je planvoller und dichter Ihr Erinnerungssystem, desto weniger Zahlungsausfälle und Zahlungsverzögerungen haben Sie. Das heißt: Mahnen Sie eine nicht bezahlte Rechnung schon einen Tag nach dem Termin an, zu dem diese Ihnen hätte gutgeschrieben sein müssen. Bewährt hat sich im ersten Schritt ein netter Anruf, der auch größere Kunden nicht gleich vergrault. Vor allem bei höheren Beträgen und guten Kunden würde ich das Telefon einem „bösen Brief" vorziehen.

Wenn dann aber immer noch nichts passiert, sollten Sie das Ganze schriftlich aufsetzen, aber bitte freundlich. Ob Sie hier schon Drohszenarien aufzeigen – etwa die Einschaltung eines Inkassobüros –, sollten Sie von der Art Ihres Geschäfts abhängig machen. Im anomymen E-Commerce ist zu viel Freundlichkeit und Zurückhaltung meiner Erfahrung nach nicht angebracht.

Best Practice

Um Zahlungen zu beschleunigen, haben wir teilweise schon in der ersten Mahnung auf die Einschaltung eines Inkassobüros hingewiesen. In der Tat erhöhte sich dadurch im Online-Shop-Bereich die Zahlungsquote deutlich: Zahlten sonst nur etwa 30 Prozent nach der ersten Rechnung, waren es jetzt weit mehr als doppelt so viele. Es gibt aber sehr vereinzelt beleidigte Kunden, die sich über die Erwähnung des Inkassos schon in der ersten Mahnung beklagen. Ich verbuche das unter Kollateralschaden – der Nutzen durch dieses enge Mahngerüst ist weitaus größer als der Schaden.

Allerdings: Bei Beratungskunden würde ich ganz anders vorgehen. Es besteht eine Beziehung, eine persönliche Bindung. Die Zahlungsbereitschaft ist deshalb von vornherein weitaus höher als im E-Commerce, liegt bei annähernd 100 Prozent, Ausfälle gibt es so gut wie gar nicht. Kommt es doch mal zu einer Zahlungsverzögerung, gehen wir da sensibel dran. Genau das empfehle ich Ihnen auch! Dennoch gelten die gleichen Regeln, was die Systematik betrifft: Wenn Sie mahnen, lassen Sie auch hier nicht zu viel Zeit verstreichen. Setzen Sie einen nächsten Zahlungstermin, der nicht länger als sieben bis zehn Tage vom Mahnungsdatum entfernt liegt. Und melden Sie sich wieder, wenn Sie es so angekündigt haben.

Inkasso

Wenn alle Stricke reißen und trotz zwei- oder dreimaliger Erinnerung kein Geld auf Ihrem Konto eingeht, stehen die nächsten Schritte an. Sie haben jetzt die Wahl zwischen Rechtsanwalt und Inkassobüro. Der Rechtsanwalt arbeitet persönlicher und ist deshalb gut, wenn es um größere Summen geht oder es sich um einen Einzelfall handelt. Das Inkassobüro bietet sich an, wenn es um kleinere Beträge geht und häufigere Zahlungsausfälle. Wir haben gute Erfahrungen mit www.mediafinanz.de gemacht. Hier fallen für Sie selbst keine Kosten an, das Unternehmen finanziert sich wie in der Branche üblich über das eingetriebene und vom Kunden mehrgezahlte Geld. Allerdings: Zahlt der Kunde auch nach der bedrohlichen Mahnung durchs Inkasso nicht, hilft nur eins:

Sie müssen sich beim Amtsgericht einen Vollstreckungstitel holen. Das lohnt sich bei Beträgen im Tausenderbereich, bei kleineren Summen überschreitet der Aufwand oft den Nutzen. Einige Kunden, vor allem Internetbesteller, wissen das sehr genau. Diese Personen mit viel krimineller Energie setzen darauf, dass solche Verfahren meist nicht durchgeführt werden, und haben von Anfang an vor, die Mahnungen auszusitzen. Ob Sie das durchgehen lassen oder handeln, müssen Sie entscheiden.

Lassen Sie uns die Tipps der letzten Kapitel noch mal rekapitulieren. Hier sind

Schnelle Maßnahmen für mehr Geld

Maßnahme	To do	Effekt
Anzahlungen	z.B. 50 % bei Auftragserteilung	Direkt mehr Geld
Das Drumherum berechnen	Genau aufschreiben, was Sie tun, auch 5 Minuten zählen	Direkt mehr Geld
Eigene Produkte besser vermarkten	z.B. einmal genutztes Material weiterverkaufen. Geht bei Texten und Fotos – aber möglicherweise auch in Ihrem Bereich?	Zusätzlich Geld
Eilzuschläge für besonders schnelle Bearbeitung	z.B. 25 Euro Bearbeitungspauschale, falls etwas innerhalb von 48 Stunden erledigt werden soll	Direkt mehr Geld
Einzelne Bausteine extra berechnen	z.B. Script für ein Seminar kostet extra	Direkt mehr Geld
Fahrtzeiten mit einbeziehen	z.B. Anfahrtsweg per Rad von 30 Minuten auch in der Rechnung ansetzen	Direkt mehr Geld
Geld auf Tagesgeldkonto legen, nicht auf dem Girokonto lassen	z.B. bei 3 % Zinsen z.B. wöchentliche Überweisung des Guthabens vom Girokonto	Direkte Verzinsung

Maßnahme	To do	Effekt
Großzügig sich selbst gegenüber sein	45 Minuten als Stunde abrechnen? Sie sind ja nun mal auch superschnell. Einfach machen!	Direkt mehr Geld
Honorar ohne Mehrwertsteuer kommunizieren	Psychologisch macht es mehr Sinn, z.B. 69 Euro netto zu kommunizieren als 82,11 Euro brutto. Achtung: Sie sind gesetzlich verpflichtet, Privatpersonen auch den Bruttopreis zu nennen.	Indirekt mehr Geld
Honorare erhöhen	Siehe entsprechendes Kapitel	Direkt mehr Geld
Kauf gebrauchter Ware statt neuer	z.B. gebrauchter Laptop, gebrauchte Kamera	Weniger Geld ausgeben
Mahnwesen straffen	Selbstmanagement: Mahnungen sofort nach Ablauf der Zahlungsfrist	Frühere Zahlungen, mehr Liquidität
Mindesthonorare, z.B. über Halbtagessätze, einführen, wenn Stundenhonorar wenig sinnvoll	z.B. 200 Euro Halbtagessatz	Direkt mehr Geld
Rechnung früher stellen	Selbstmanagement: Rechnungen täglich oder einmal die Woche	Frühere Zahlungen, mehr Liquidität
Schwellenpreise testen	Leichter als 70 Euro werden oft 69 Euro akzeptiert	Direkt mehr Geld
Sortiment erweitern	z.B. kann ein Therapeut auch Cremes verkaufen	Zusätzlich Geld
Subunternehmer-Honorare senken	Oft engagieren junge Selbständige für Aufträge Bekannte, denen sie dann meist zu viel bezahlen. Regel: Subunternehmer bekommt 30 bis 50 % der Auftragsumme.	Indirekt mehr Geld

Maßnahme	To do	Effekt
Tagessatz beinhaltet auch wirklich nur 8 Stunden, jede weitere kostet extra	Dem Kunden schon im Angebot kommunizieren: Tagessatz (= 8 Stunden), jede weitere Stunde kostet z.B. 69 Euro.	Direkt mehr Geld
Übernachtungspauschalen einführen	Wenn Sie über Nacht im Einsatz sind, zzgl. zu den Hotelkosten oder wenn Sie gar kein Hotel nutzen, sondern bei Freunden schlafen	Direkt mehr Geld
Verkürzte Zahlungszeiträume	z.B. bei Dienstleistungsverträgen 14tägig	Direkt mehr Geld
Verschiedene Honorarsätze einführen	z.B. Projektmanagement teurer	Direkt mehr Geld
Vertriebsprovisionen für Empfehlungen einstreichen	Wenn Sie dafür sorgen, dass ein Kollege einen Auftrag bekommt, verdienen Sie daran mit, z.B. mit 10 bis 15 % der Auftragssumme im ersten Jahr. Vertrag machen!	Zusätzlich Geld
Vor- und Nachbereitung berechnen	z.B. mit einer Pauschale	Direkt mehr Geld
Wochenendzuschläge	z.B. 20 % Aufschlag für Wochenendarbeit	Direkt mehr Geld
Zahlungsfristen verkürzen	z.B. von 30 auf 10 Tage	Frühere Zahlungen, mehr Liquidität

Investieren ohne Geld

Ich brauche Geld, aber habe keins.

Next step? Sie wollen auch mehr als 50.000 Euro Gewinn, ach Unsinn, mehr als 80.000? Verstehe ich – irgendwann geht es um mehr als um das reine Vergnügen. Aber: Manchmal kostet der Sprung in die Einkommensklasse über Ihnen etwas – zum Beispiel die Investition in ein neues Büro, eine neue Software, Ausstattung, ein Auto. Doch ohne Moos nichts los? Selbständige gelten als nicht besonders kreditwürdig, selbst wenn sie durch einige Jahre am Markt schon belegt haben, dass sie sich selbst finanzieren können. Der Dispo fällt deshalb meist schmal aus – vor allem dann, wenn Sie nicht irgendwo ein paar Zehntausender bunkern oder ein Häuschen haben.

Klasse Risiko

Und selbst dann: Einem Kunden von mir hat die Bank die Kreditlinie auf 1.000 Euro heruntergefahren – obwohl er eine Abfindung von mehr als 100.000 Euro auf einem anderen Konto liegen hatte. Die Individualbetrachtung zählt bei Banken nicht, Risikos werden standardisiert und strikt klassenbewusst ermittelt. Hoffen Sie also nicht darauf, den Dispo wesentlich erhöhen zu können. Suchen Sie aber nach Alternativen, zumal der Kontokorrentkredit, wie der Dispo eigentlich heißt, ohnehin viel zu teuer ist.

Neuerdings drängen sich Mikrokredite geradezu auf. Anders als bei einem großen Unternehmerkredit, der sich Ihnen am leichtesten an den Hals wirft, wenn sie gleich ein paar Hunderttausend für die Realisierung einer Marktlücke investieren, können Sie sich hier auch melden, wenn es nur um ein paar Tausender geht. Auch die Anträge sind inzwischen hübsch einfach.

Gleich mal ein paar Adressen:

- Die Mikrokredite der GLS Bank werden über akkreditierte Mikrofinanzinstitute gestellt (ein solches können Sie übrigens auch selbst gründen) und beginnen bei 2.000 Euro. Bei erfolgreicher Rückzahlung sind bis maximal 20.000 Euro möglich. Die Zinsen liegen derzeit bei 8,9 Prozent. Weitere Informationen finden Sie unter http://mikrokreditfonds.gls.de.
- Auch das Deutsche Mikrofinanzinstitut finanziert per Mikrokredit, Konditionen wie oben. Auch hier vergeben akkreditierte Partner, unter www.mikrofinanz.net.

- ERP Mikrokredite für Österreich, 10.000 bis 30.000 Euro, unter www.wko.at
- Mikrokredit Solidarität Schweiz, Prinzip: Rückzahlungen der einen finanzieren Mikrokredite der anderen, weitere Infos unter www.microcredit-solidaire.ch.

Geldgeschenke

Ich hätte da eine verrückte Idee ... aber wer soll das bezahlen?

Das Open-Source-Unternehmen Diaspora – eine Alternative zum sozialen Netzwerk Facebook – wollte eigentlich nur 10.000 Euro über das Internet einsammeln, um seinen Programmierern die Pizza bezahlen zu können. Es wurden 200.000 Euro. Jeder der engagierten Spender, darunter auch Facebook-Gründer Mark Zuckerberg, bekam ein T-Shirt.

Was Diaspora getan hat nennt sich Crowdfunding und ist ein Konzept, bei dem die Internet-Community die tragende Rolle spielt. Wenn Ihre Idee gut ist, brauchen Sie dazu weder Bank noch Familie. Sammeln Sie vielmehr auf einem Crowdfunding-Portal Ihr Geld zusammen.

Es gibt zwei Crowdfunding-Konzepte, die interessant sein könnten. Crowdfunding vom Typ I ist internetbasiertes Fundraising. Es geht darum, engagierte soziale, kulturelle oder unternehmerische Projekte zu sponsern. Sponsoren zahlen Minibeträge von zum Beispiel einem Euro. Sehr viele kleine Spenden machen das große Ganze aus, Rückzahlungen gibt es nicht. Als Dankeschön bekommen die Funder statt Geld eine Spendenquittung, einen Theaterbesuch oder das fertige Produkt (etwa eine DVD) – wie beim Erfolgsbeispiel eines Mittelalter-Barden, der über Startnext.de fast doppelt so viel Geld einsammelte wie er für die DVD-Produktion benötigte. Unter den Spendern war beispielsweise eine Brauerei von Mittelalter-Bier. Beim Konkurrenten MySherpas kamen mehr als 20.000 Euro für ein Unternehmen zusammen, das sich der Qualifizierung von Strafgefangenen widmet. Weiterhin wurde der Prototyp eines neuen Schwebestativs für Camcorder finanziert. Die Plattformen leben von den Kosten, die auf die eigentliche Beteiligung bezahlt wird. Diese liegen bei bis zu zehn Prozent des eingezahlten Betrags, darin enthalten sind bereits Bank- bzw. Transaktionsgebühren.

Das Crowdfunding-Konzept Typ II ist businessorientierter. Hier geht es darum, von privaten Sponsoren Geld für Geschäfts- oder Wachstumsideen zu erhalten. Während es beim Typ I um Summen von mehreren hundert bis tausenden Euro geht, kann hier auch mal eine Million zur Disposition stehen. Und: Die Investoren wollen ihr Geld zurück, sind also gewinnorientiert.

Und so geht es: Sie beschreiben Ihr Vorhaben, sagen, wie viel Sie brauchen, um es zu realisieren, und mit etwas Glück und einer guten Beschreibung finden Sie genügend private Förderer, die an Sie und Ihre Idee glauben. Allerdings: Wer die Portale eine Zeit lang beobachtet, erkennt, dass sich nur ein kleiner Teil der Projekte durchsetzt und genügend Geld zur Verfügung gestellt bekommt. Aber Sie sind ja gut und Ihre Idee erst recht ... und falls noch nicht, feilen Sie jetzt einfach noch ein wenig.

Angebot	Kurzbeschreibung	Erfolgsbeispiel
www.kickstarter.com	Verschiedene Themen, Crowdfunding-Typ I	Diaspora: Das Unternehmen wollte 2010 10.000 Dollar sammeln und bekam 200.000.
www.startnext.de	Schwerpunkt Kultur und Medien, z.B. CDs, Filme, Kunst, Crowdfunding-Typ I	Das Soloalbum eines über YouTube bekannt gewordenen Mittelalter-Barden wurde finanziert.
www.mysherpas.de	Keine thematische Eingrenzung, dennoch viele Medienprojekte, aber auch Finanzierung von Unternehmen oder Prototypen, Crowdfunding-Typ I	DVDs, Kunst, Gefängnisprojekt
www.investiere.ch (Schweiz)	Ein Portal, auf dem es um größere Unternehmen und größere Summen als bei den oben genannten geht, z.B. 100.000 Schweizer Franken, Crowdfunding-Typ II	z.B. Finanzierung eines Schweizer Medizintechnikunternehmens

Angebot	Kurzbeschreibung	Erfolgsbeispiel
www.seedmatch.com	Mikroinvestor investiert ab 250 Euro, Crowdfunding-Typ II	Verschiedene Start-ups, überwiegend Technologiefirmen
www.cofundit.com (Schweiz)	Englischsprachige Seite, auch hier geht es um größere Summen bis 2 Mio. Euro, Crowdfunding-Typ II	Gesichtserkennungssoftware

Bei Leander Wattig findet sich eine Liste mit weiteren Crowdfundern: http://leanderwattig.de. Viel Spaß.

Die Geld-AG

Ich würde mir gern was leihen, traue mich aber nicht.

Eine kreative Idee für gut vernetzte Menschen ist die private Geld-AG. Überzeugen Sie Ihre Freunde und Bekannten, in Sie zu investieren.

Best Practice

Marie wollte nicht mehr ausschließlich als TV-Journalistin arbeiten, da sie in diesem Job ein bestimmtes (niedriges) Einkommensniveau nie überschreiten würde. Vielmehr wollte sie auf den Trend Imagefilm aufspringen und Videos für die Unternehmenskommunikation produzieren. Ihre besondere Spezialität sollten Imagefilme von Firmengründern sein. Dazu brauchte sie ein Atelier. Außerdem musste sie ihre derzeitigen Aufträge um etwa die Hälfte reduzieren, um genug Zeit für die Akquise neuer Projekte zu haben. Und dann waren da auch noch die teure Kamera und eine neue professionelle Website, ohne die sie gar nicht anfangen konnte. Sie errechnete einen Geldbedarf von 15.000 Euro im ersten Jahr, selbst wenn sie ihren bisherigen Job zum Teil weiterführen würde. Sie schrieb ein zweiseitiges Kurzkonzept, in dem sie die wichtigsten Eckpunkte ihres Vorhabens erläuterte. Dann erstellte sie eine Powerpoint-Präsentation und lud 20 Freunde und Bekannte in ein Hotel ein. In 20 Minuten wollte sie die Anwesenden von ihrer Idee begeistern, danach gab es Häppchen und Sekt. Ihr Vorhaben gelang. Von den 20 Anwesenden waren am Ende 15 bereit, zwischen 500 und 2.000 Euro zu geben. Als Gegenleistung bot sie wahlweise einen Portrait-Film für die eigene Website oder/und YouTube im Wert von 1.500 Euro oder die Verzinsung mit acht Prozent an. Am Ende hatte sie nur gewonnen: erste Referenzen und genügend Bargeld.

Ideen-Verkauf

Das Beispiel von Marie zeigt, dass solche Geld-AG-Ideen gut vorbereitet werden wollen. Niemand gibt Ihnen Geld für eine Idee, die er selbst nicht für vielversprechend hält oder die er vielleicht auch gar nicht versteht. Voraussetzung ist deshalb immer, dass Sie Ihre Pläne einmal durchrechnen, bevor Sie sie „verkaufen". Damit meine ich keinen professionellen Businessplan. Ich plädiere vielmehr für eine seriöse Rechnung: Was kostet das Vorhaben? Was spielt es nach einem Jahr ein? Für die Realisierung empfehle ich eine Praxisplanung: Was werden Sie tun, um Ihr Vorhaben zu realisieren? Welche Schritte sind das genau und wie viel Zeit planen Sie dafür ein? Je detaillierter und konkreter, desto hilfreicher. Ihrer Geld-AG sollten Sie diese Detailplanung aber nicht zeigen. „Aktionäre" wollen eher emotional gelockt und ins Boot geholt werden. Mit Vortrag und Häppchen geht Marie aus unserem Best-Practice-Beispiel in die richtige Richtung. Sie können das Ganze sogar noch weiterspinnen: bis hin zur Ausgabe einer richtigen Aktie aus Papier.

Vereinbaren Sie Rückzahlungsmodalitäten, die großzügig genug sind und die übliche Entwicklungszeit solcher Projekte von bis zu drei Jahren berücksichtigen. Und vergessen Sie nicht, das so eingesammelte Geld gut anzulegen, wenn Sie es nicht sofort, sondern zum Lebensunterhalt benötigen.

Mut!

Natürlich können auch viel weniger Personen eine Geld-AG sein. In meiner Beratungspraxis begegne ich oft Menschen, die wachsen möchten, aber Scheu davor haben, weil Wachstum Geld kostet und das Beschaffen von Geld Überwindung. Die Idee mit der Geld-AG finden viele toll, sehen aber auch tausend Gründe, sie nicht umzusetzen. So hatte ich mehrere Kundinnen, die nicht einmal den eigenen Freund oder Ehepartner um Geld bitten wollten. Man wolle sich nicht abhängig machen, so das Argument. Oft steckt dahinter der Zweifel am eigenen Erfolg, die Angst, in Abhängigkeit zu geraten. Doch was ist die Alternative? Weiter unzufrieden sein? Um große Schritte zu gehen, muss man etwas wagen. Trauen Sie sich!

Ich muss bis X so viele Euro überweisen!

Einmal buchte das Finanzamt bei mir die monatliche Umsatzsteuer mit einer Null zu viel ab. Es dauerte eine Woche, bis dies wieder korrigiert war und ich mein Geld zurückbekam. Als ich dagegen einmal 2,25 Euro zu wenig überwies, drohten mir die Steuereinzieher sofort mit Pfändung. Mit dem Finanzamt ist wirklich nicht zu spaßen. Das Problem ist, dass gerade Existenzgründer in den ersten zwei, drei, vier Jahren dies noch nicht in voller Schärfe sehen. Das liegt an der üblichen Zahlungsverzögerung der ersten Jahre. Wer 2010 mit seinem Business gestartet ist, macht seine erste Steuererklärung oft erst im September 2011 – mit Fristverlängerung durch den Steuerberater vielleicht sogar erst im Februar 2012. Da sind dann nicht selten zwei Jahre Einnahmen in die eigenen Kassen geflossen, ohne dass ein Steuereuro bezahlt worden ist. Wer da kein Geld zurückgelegt hat, ist später nicht selten schockiert: Erbarmungslos verlangt die hohe Staatskasse unsere Steuern für die beiden abgelaufenen Jahre und will auch gleich Vorauszahlungen sehen. Die Fristen sind dabei knapp wie Hotpants.

Hotpant-Fristen

Ich kenne das selbst. 14 Tage Frist, und dann gleich ein paar Tausender, wenn nicht gar ein Mittelklassewagen. Ein Kollege von mir sollte umgerechnet sogar etwa einen Porsche bezahlen. Diese schockierenden Erlebnisse hat man übrigens auch gern im fünften oder sechsten Jahr der Selbständigkeit: Während man sich nach zwei Jahren oft noch nicht voll etabliert hat, läuft es ab dann plötzlich richtig rund. Die Einnahmen schießen nach oben und entsprechend auch die Steuerbelastung. Was tun?

Legen Sie Geld zurück. Warten Sie dazu auch nicht auf die Schätzung des Steuerberaters, sondern handeln Sie selbst. In Deutschland ist www.abgabenrechner.de die zuverlässigste Quelle zur Steuerermittlung. Geben Sie hier ein, wie viel Einkommenssteuer Sie zahlen müssen. Kann sein, dass jetzt der Haken kommt und Sie das gar nicht wissen. Machen wir also einen klitzekleinen Exkurs ins Steuerrecht, für Details empfehle ich mein „Praxisbuch Existenzgründung".

In den Abgabenrechner müssen Sie das so genannte zu versteuernde Einkommen eingeben, das ZVE. Das liegt rund 5.000 bis 10.000 Euro unter Ihrem Gewinn. Den Gewinn errechnen Sie, falls Sie keine so genannte Betriebswirtschaftliche Analyse (BWA) von Ihrem Steuerberater bekommen haben, indem Sie die Kosten von Ihren Einnahmen (dem Umsatz) abziehen. Falls Sie keine hohen Kosten, etwa für Wareneinkäufe, haben, also zum Beispiel als Freiberufler arbeiten, sind dies normalerweise 15 bis 30 Prozent vom Umsatz. Wenn Sie zu faul sind, ganz genau zu rechnen – ich wäre es auch –, dann überschlagen Sie die einzelnen Positionen einfach. Rechnen Sie großzügig, und wenn Sie dann mehr zurücklegen als Sie letztendlich zahlen, umso besser.

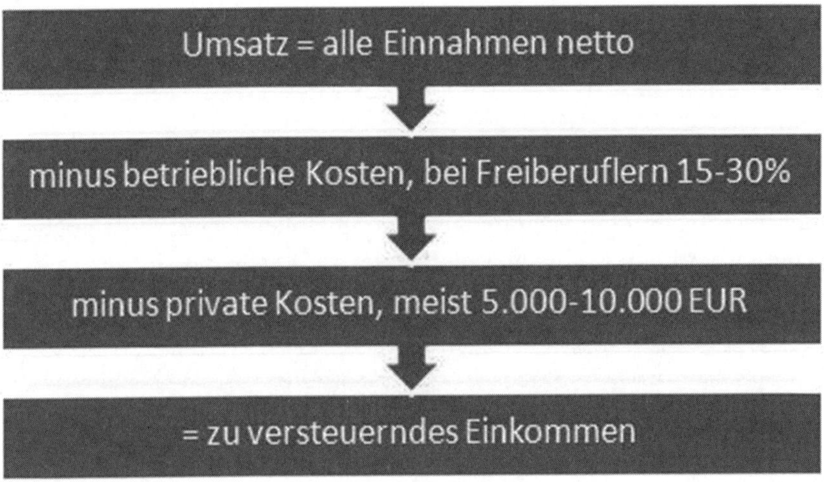

Kleines Rechenbeispiel

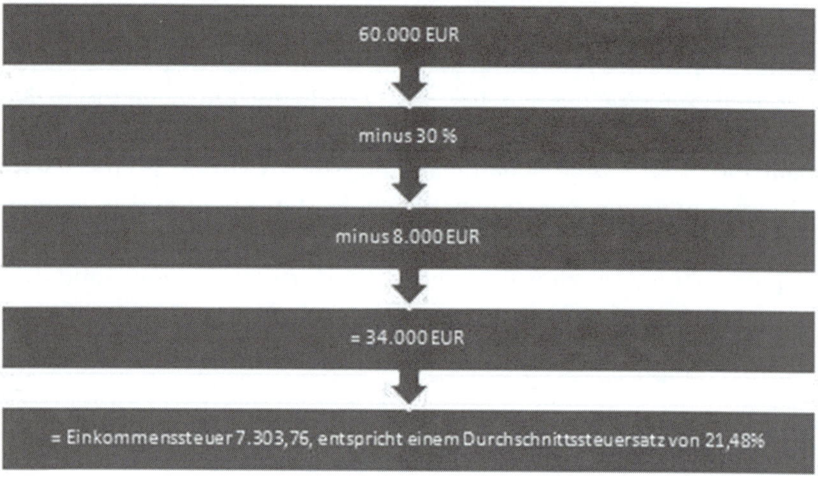

In dem Beispiel sollten Sie also rund 7.300 Euro für jedes Jahr zurücklegen, etwa auf ein Tagesgeldkonto.

Sie haben diese Rücklage nicht gebildet? Was tun? Leihen ist die eine Alternative, Ratenzahlung und Stundung die andere. Für beides müssen Sie beim Finanzamt einen Antrag stellen. Dann sollte auch das gehen. Aber beim nächsten Mal machen Sie's schlauer.

Null Peilung

Ich habe überhaupt keinen Überblick mehr.

Manche Selbständige geben zu wenig Geld aus und verbauen sich dadurch die Chance auf Wachstum. Wer nichts riskiert, kann auch nicht größer werden. Andere dagegen achten gar nicht auf ihre Moneten, auch das ist ungesund.

Der Umgang mit Geld ist vor allem eine Persönlichkeitsfrage. Steuern Sie gegen Ihre Grundtendenz. Wenn Sie geizig sind, machen Sie sich locker. Denken Sie daran, dass Investitionen zum Unternehmertum dazugehören. Ohne kommen Sie einfach nicht weiter. Wer beispielsweise aus Geiz seine veraltete Website nur vereinzelten Schönheitsreparaturen unterzieht anstatt ihr eine Grunderneuerung zukommen zu lassen, geht den Weg zur gewünschten Professionalisierung in Badelatschen.

Wer eine Neigung zum großzügigen Geldausgeben hat, tut gut daran, den Controller in sich selbst zu wecken. Dazu ist es wichtig, überhaupt zu wissen, was monatlich über Ihre Konten läuft oder auch nicht. Wenn Sie einen Steuerberater haben, so macht dieser normalerweise betriebswirtschaftliche Analysen, die sich auf den Monat beziehen. Diese zeigen Ihnen bestimmte, für das Controlling wichtige Werte an, etwa die so genannte Umsatzrendite. Das ist eine Prozentzahl, die das Verhältnis von Umsatz und Gewinn innerhalb einer Rechnungsperiode angibt und im Umkehrschluss zeigt, wie viel Prozent Ihres Umsatzes Sie für betriebliche Zwecke ausgeben, also welche Kosten Sie haben. 20 Prozent Umsatzrendite bedeutet: Der Anteil des Gewinns an Ihrem Umsatz beträgt 20 Prozent, die übrigen 80 Prozent Ihrer Einnahmen geben Sie wieder aus. Das ist sehr viel. Normal für einen kleinen Selbständigen, der keine Produkte herstellt oder verkauft, sind 15 bis 30 Prozent betriebliche Ausgaben, das heißt die Umsatzrendite liegt bei 70 bis 85 Prozent.

Ist Ihre Umsatzrendite also sehr klein, überlegen Sie, wo sich die hohen Kosten verstecken. Es kann sein, dass Sie über Ihre Verhältnisse leben, zum Beispiel auf zu vielen Büroquadratmetern. Auch zu teure Mitarbeiter können eine Belastung sein. Nicht wenige Selbständige arbeiten mit ihrem kleinen Stamm so eng zusammen, dass sie sich verpflichtet fühlen, überdurchschnittliche Gehälter zu zahlen. Motto: Wir sind ja so gut wie eine Familie, ich will, dass ihr zufrieden seid! Aber wenn dadurch am Ende nicht genug für Sie übrig bleibt, haben Sie auch nichts davon.

Fallbeispiel

Sebastian wollte als Anwalt möglichst alles in Hochglanz. Sein Büro war mehr als 80 Quadratmeter groß und in einem noblen Stadtteil gelegen, „Adresslage“ nennen das die Makler. Kostenpunkt: 1.200 Euro im Monat. Für einen Scheidungsanwalt genau der richtige Ort – nicht aber für jemand, der für die Medienbranche arbeitete wie Sebastian. Einer Branche, der Glanz und Glitter außerhalb von Galaveranstaltungen fernliegt und wo die Bereitschaft, Stundenhonorare über 250 Euro zu zahlen, gegen Null tendiert. So kam Sebastian selbst nach drei Jahren nur auf etwa 5.000 Euro Umsatz im Monat. Die Ausgaben von Sebastian lagen also im Vergleich zu seinen Einnahmen viel zu hoch – er konnte nur 50 Prozent Gewinn verbuchen. Das Controlling ergab: Für Sebastian reichte ein kleines Büro in einer Bürogemeinschaft. In dem gemeinsamen Konferenzraum konnte er Kunden empfangen. Das war repräsentativ genug, kostete jedoch 800 Euro weniger. Statt einer Empfangsmitarbeiterin beschäftigte er fortan einen Büroservice, dessen Kosten sich auf 200 Euro im Monat beliefen. Vom Leasing-BMW stieg er um auf ein Fahrrad – und erhöhte die Umsatzrendite auf 70 Prozent u.a. durch Senkung der Fixkosten.

Sparmaßnahmen im Überblick

Ein paar Sparideen finden Sie in der folgenden Tabelle:

Maßnahme	Sparwirkung
Kauf gebrauchter Ware statt neuer	+++
Dinge verkaufen, die Sie nicht mehr brauchen	+
Kleineres Büro, Bürogemeinschaft	++
Externer Büroservice wie www.ebuero.de statt Mitarbeiter	++
Weniger beliebter Standort fürs Büro	++
Ein Fahrrad oder Car2go statt Leasingwagen	+++
Ein Template z.B. von Wordpress statt komplett selbst designter Website	++
Bücher ausleihen statt kaufen	+
Pauschale mit dem Steuerberater und anderen Dienstleistern aushandeln	+

Ich glaube, mein Problem liegt nicht bei den Zahlen, sondern …

Nein, nein, Controlling hat nicht nur etwas mit Zahlen zu tun. Und dass etwas nicht so gut läuft, hat meist andere Ursachen, etwa ein zu schlechtes Marketing oder fehlende Akquise. Deshalb finde ich andere Kennzahlen genauso wichtig wie Umsatzrendite & Co. – sanfte, softe Quoten. Die Kundengewinnungsquote etwa. Machen Sie mal die Augen zu. Denken Sie jetzt an den besten Verkäufer, der Ihnen je begegnet ist. Und nun, Schnitt, an den schlechtesten. Was unterscheidet beide? Wer steht am Ende mit mehr Geld da?

Es geht oft gar nicht um das Produkt oder die Dienstleistung, sondern um das Wie (verkaufe ich es). Mir ist das aufgefallen, als ich die Kundengewinnungsquote zwei meiner Mitarbeiterinnen miteinander verglich. Die Quote der einen war ungleich niedriger. Entscheidend war hier der allererste Kontakt: Während die eine Mitarbeiterin sofort ins Gespräch einstieg, auf den Gesprächspartner einging und erste Fragen schon sehr professionell beantwortet, erfragte die andere nur den Grund des Anrufs. Als ich das merkte, habe ich die Verantwortlichkeiten verändert, außerdem einen Leitfaden für die Beantwortung von Anfragen erstellt.

In meinen eigenen Gesprächen merke ich: Je mehr ich auf das Bedürfnis des Interessenten eingehe und klare Empfehlungen ausspreche, desto besser läuft es. Aus meiner Sicht muss eine wissensorientierte Dienstleistung nicht besonders emotional verpackt werden – nur klar. Der Kunde muss wissen, was er bekommt. Bei einer Zahnbürste ist das eindeutig: Sie können sie anfassen und sehen. Doch Beratung? Braucht eine sehr klare bedürfnisorientierte Kommunikation.

Das heißt: Allein durch eine andere Kommunikation können Sie wahre Wunder bewirken. Probieren Sie es aus, vielleicht auch in Rollenspielen mit Bekannten. Lassen Sie sich Feedback geben. Vor allem aber messen Sie genau den Erfolg, auch das gehört zum soften Controlling dazu. Wenn Sie wie ich telefonische Erstgespräche führen, um Kunden zu gewinnen, können Sie messen, wie viel Prozent der Kunden auch wirklich einen Termin machen – und was eine Veränderung der Kommunikation bewirken kann.

Eine Beispiele, wo Sie ansetzen können:

Soft-Controlling-Maßnahme	Bedeutet	Verbesserung
Kundengewinnungsquote	Wie viele Kunden vereinbaren nach einem Erstkontakt einen Termin?	Kommunikation optimieren
Durchschnittlicher Umsatz pro Kundengruppe	Sie haben z.B. die Kundengruppen Unternehmen, Institutionen und Privatpersonen. Welche davon hat wie viel Anteil an Ihrem Umsatz?	Überlegen Sie sich Maßnahmen, schlechte Quoten zu verbessern
Empfehlungsquote	Wer empfiehlt Sie weiter? Wie viel Prozent Ihrer Kunden generieren für Sie neue?	Aktiv anstoßen, bedanken, eigene Qualität verbessern
Umsatz pro Kunde	Wie viel Umsatz macht ein Kunde? Wer sind nach diesem Ranking Ihre Top-Kunden? Je mehr Umsatz, desto besser	Neue Angebote, regelmäßige Information über Newsletter etc.
Stammkundenquote	Wer wird Wiederholungstäter und kommt wieder?	Neue Angebote, regelmäßige Information über Newsletter etc.
Neukundenquote	Wie viele neue Kunden fragen pro Woche oder Monat an?	Empfehlungsmarketing verbessern, Internetauftritt optimieren oder selbst in die Akquise gehen

Rote Zahlen schwärzen

Ich brauche ganz schnell einen Auftrag.

Ihr Konto zeigt rote Zahlen. Es besteht akuter Handlungsbedarf. Ich gehe jetzt davon aus, dass es noch nicht Zeit ist, an Arbeitslosengeld II oder das Arbeitslosengeld für Selbständige zu denken. Noch geht es darum, ohne staatliche Unterstützung auszukommen. Lesen Sie den entsprechenden Abschnitt im Kapitel „Notfallkasten“, wenn das hier beschriebene Rettungspaket nicht mehr ausreicht.

Zunächst empfehle ich Ihnen, sich nach Aufträgen umzuschauen, die Sie leicht und schnell bekommen können. Das können Jobs als Dozent sein oder aber Tätigkeiten in Agenturen, falls Sie aus dem kreativen Bereich kommen. Diese sind meist nicht so gut bezahlt, doch in Zeiten leerer Kasse müssen Ansprüche auch mal gesenkt werden dürfen.

Meist bewerben Sie sich um solche Jobs wie um eine feste Stelle. Überlegen Sie sich zunächst, was Sie überhaupt anbieten können und womit sie vermutlich am meisten Geld verdienen. Erstellen Sie dann auf einer Seite ein Profil, das Ihre wichtigsten Eckdaten enthält:

- Wer sind Sie?
- Was bieten Sie an? Was ist Ihr Einsatzbereich?
- Welche Kenntnisse haben Sie?
- Welche Erfahrungen haben Sie?
- Welche Referenzen gibt es?

Best Practice

Peter betrieb seit zehn Jahren mehrere Online-Shops. Der Gewinn war stetig gewachsen, doch irgendwann gab es einen heftigen Einbruch. Die Produkte, die er verkaufte, waren einfach nicht mehr im Trend. Er musste handeln. Eine Neupositionierung des Geschäfts würde Zeit kosten. Und bis sich das in barer Münze auszahlen würde …

Im Laufe der Zeit hatte sich Peter sehr viel Wissen im Suchmaschinenmarketing aufgebaut. Da er gleichzeitig im E-Commerce fit war, ergab sich eine interessante Kombination für Agenturen, die Expertise in diesem Feld brauchten. Peter ermittelte 15 relevante Unternehmen in seiner Umgebung. Schon die ersten Anrufe brachten Gespräche. Und schnell hatte er eine fest-freie Position für zehn Tage im Monat, die Geld für die Weiterentwicklung seiner eigenen Shops einbrachte.

Wenn freie Aufträge für Sie nicht in Frage kommen, so vielleicht ein Teilzeitjob, der eine Existenzgrundlage bietet. Das kann ein Minijob auf 400-Euro-Basis sein, der den Vorteil hat, steuerbefreit zu sein. Das bedeutet, auf diesen Job werden keine Abgaben mehr fällig, sie kassieren das Geld brutto für netto. Leider sind die meisten solcher Jobs an eher kleine Stundenlöhne gekoppelt und verteilen sich außerdem lästig über die ganze Woche. Dort blockieren sie Ihre wichtigsten Arbeitsstunden – und sind dann mehr Klotz am Bein als Befreiung. Suchen Sie nach Jobs, die sich auf einen Tag konzentrieren und deshalb über den Rest der Woche weniger belastend sind.

Teilzeitjobs über 400 Euro haben den Vorteil, dass dadurch die Sozialversicherungsbeiträge abgedeckt werden, also die Kosten für Kranken-, Renten- sowie Arbeitslosenversicherung. Sie bauen damit einen Anspruch auf Arbeitslosengeld I auf, sofern Sie mindestens zwölf Monate einem solchen Teilzeitjob nachgehen. Weitere Beiträge in der Krankenversicherung werden nicht mehr fällig, sofern Sie argumentieren können, dass der Teilzeitjob Ihr Schwerpunkt ist und nicht die Selbständigkeit. Kriterien dafür sind Stundenzahl und oder Einnahmen. Da die Stundenzahl bei Selbständigen schwer nachweisbar ist, arbeiten Sie am besten einfach weniger …

2. Mehr Zeit und Leben

Ach, dieses Hamsterrad! Kennen Sie? Ich auch. Wir arbeiten einfach zu viel oder zu wenig effizient. Kann sein, dass das mit lausigem Selbstmanagement zu tun hat – aber auch einige andere Ursachen sind denkbar. Dabei haben wir uns doch selbständig gemacht, um mehr und nicht weniger vom Leben zu haben. Lassen Sie uns also einmal näher anschauen, was Sie tun können, um durch Ihre unternehmerische Tätigkeit Zeit und Leben zu gewinnen.

Raus aus ... der Mieses-Selbstmanagement-Falle

Ich kriege mich nicht organisiert.

Der eine döst Stunden vor dem PC und verbringt mehr Zeit in Facebook als mit seinen Aufträgen. Der Nächste steht nicht vor 11 Uhr auf und kommt dann bis abends nicht in die Gänge. Der Dritte schreibt Rechnungen ein halbes Jahr zu spät. Und dann gibt es wieder Selbständige, die vor dem Auftrag selbst kapitulieren und grundsätzlich zu spät anfangen und abgeben. Es gibt Ordentliche und Chaoten, Perfektionisten und Legere, die ihr Selbständigen-Leben nicht richtig in den Griff bekommen. Das ist nicht mal eine Typfrage, sondern einfach einer simplen Sache geschuldet: Wir sind es nicht gewohnt, ohne Vorgaben zu arbeiten. Alle unternehmerischen Bereiche selbst zu organisieren überfordert uns. Hätten wir einen Chef und ein Kollegenteam, würden uns die Aufgaben dagegen leicht von der Hand gehen. Da wäre ja dann jemand da, der uns sagt, wo es langgeht. Das brauchten wir schon als Kind, und als Erwachsener hat sich das nicht wesentlich geändert. Wir müssen uns dem Selbstmanagement-Dilemma allerdings nicht kampflos ausliefern.

Ich stelle fest, dass Probleme bei der Selbstorganisation ganz oft damit zu tun haben, dass Ziele viel zu groß sind. Ja, dass es eher Visionen als Ziele sind. Das schreibe ich den Businessplänen zu, die die ganze Geschäftsplanung auf eine abstrakte Ebene stellen.

Schon im ersten Jahr haben aber fast alle Selbständigen, die im Dienstleistungsgeschäft operieren – also 76 Prozent von uns allen, die beraten, unterstützen, kreativ sind und nichts herstellen – festgestellt, dass solche Zahlen nur Schall und Rauch sind und sich auch Geschäftsmodelle ganz anders entwickeln als in der Businessplanung gedacht. Unsere Planung verliert somit an Wert: Wir glauben nicht mehr richtig an sie, hören auf, das Ganze ernst zu nehmen.

Deshalb bin ich überzeugt, dass langfristige Planungen für die praktische Arbeit eher schädlich sind. Es ist gut, Visionen zu haben. Es ist aber nicht gut, Ziele zu haben, die so erschreckend weit weg sind, dass Sie Handlung vermeiden und nicht auslösen – was nötig wäre. Deshalb hat sich für mich das Häppchenprinzip sehr bewährt. Das bedeutet: Sie zerlegen Ihr großes Ziel in möglichst kleine Abschnitte. Es ist auch hilfreich, sich Vorhaben als Projekte vorzustellen, die einen Anfang und ein Ende haben. Diese Projekte bestehen wiederum aus Teilprojekten, das sind kleine Abschnitte, die langsam zum eigentlich Ziel und Projektende führen.

Fallbeispiel

Karin arbeitet als Lektorin und Übersetzerin. Ihre Projekte muss sie zu einem bestimmten Zeitpunkt fertig haben. Dieser Zeitpunkt liegt meist weit voraus. So entsteht der Eindruck, sie hätte Zeit en masse. Erst wenn es wirklich pressiert, wird sie aktiv. Dann haben sich aber bereits andere Aufgaben hinzugesellt. Und so gerät sie heftig unter Zeitdruck, arbeitet Nächte durch und fühlt sich gestresst. Erst als sie beginnt, die Arbeit in kleine Häppchen zu teilen, bekommt sie dieses „Quartalsarbeiten" in den Griff. Statt ein riesiges Projekt immer weiter vor sich herzuschieben, hat sie lauter kleine Teilprojekte vor sich. Über jedes fertiggestellte Teilprojekt freut sie sich wie ein Schneekönig.

Verwechseln Sie Selbstmanagement nicht mit Zeitmanagement. Zeitmanagement ist ein theoretisches Gebilde, das sich auf die effiziente Organisation Ihrer verfügbaren Zeit bezieht. Die Regeln haben die meisten von uns in irgendeinem Seminar oder Buch schon einmal injiziert bekommen. Selbstmanagement ist viel umfassender, es bezieht sich auf Ihre gesamte Person und Persönlichkeit und nicht nur auf diesen kleinen Ausschnitt „Zeit".

Wenn Sie die Zeitmanagement-Basics intus haben, können Sie unterscheiden zwischen wichtig und nicht wichtig, dringend und nicht dringend. Oder doch nicht? Wenn Sie sich gerade verändern ist es nämlich nicht so einfach, zu entscheiden, ob die Akquise für neue Projekte denn nun Vorrang haben soll vor dem aktuellen schlechten Auftrag, oder nicht. Ja, soll sie, denn sonst kommen Sie ja nicht raus aus Ihrer

Situation. Das Neue ist wichtig, das Alte vielleicht dringend, muss aber trotzdem auch mal liegenbleiben. Da hilft der Gedanke aus dem Zeitmanagement, dass Sie nur 40 Prozent Ihrer Zeit überhaupt verplanen sollten, weil sich der Rest durch unerwartetes Alltagsgeschäft von alleine füllt.

Trainerkollege Lothar Seiwert hat die ALPEN-Methode erfunden, die für die Planung fünf Schritte verlangt: Aufgaben, Termine und Aktivitäten aufführen (das ist das A), Länge schätzen, Pufferzeiten einplanen, Entscheidungen treffen, Nachkontrolle. Zum Thema Nachkontrolle: Am Ende des Tages sollten Sie prüfen, ob alles geschafft wurde oder beim nächsten Mal vielleicht mehr Puffer sinnvoll wäre.

Behalten Sie das alles im Hinterkopf und überladen Sie Ihren Tag nicht. Länger will ich mich gar nicht mit Zeitmanagementregeln aufhalten. Denn hier liegt nicht das Problem. Es liegt in Ihrem Kopf. Es könnte sein, dass Sie sich zu sehr stressen.

An die Kandare

Ich habe einfach zu viele Aufgaben!

Ärgern Sie sich auch ständig über all die Dinge, die Sie erledigen wollten, aber nicht erledigen konnten? He, seien Sie gut zu sich. Es ist normal, dass am Ende des Tages noch so viel Arbeit übrig bleibt – viel mehr als Sie eigentlich gedacht haben. Es ist auch normal, dass Sie denken, Sie würden nichts, aber auch gar nichts schaffen. Natürlich stimmt das nicht, aber dieser subjektive Eindruck setzt sich fest und quält gerade ehrgeizige Menschen, die am liebsten alles auf einmal machen würden. Ich selbst bin so, mir hat der Tag zu wenige Stunden für all die Dinge, die ich vorhabe. Also bremse ich mich, nehme mir weniger vor. Das können Sie auch. Wenn Sie sich wiedererkennen, geht es bei Ihnen auch ums Luftholen. Trotz aller engagierten Vorhaben muss das ja auch mal sein. Meditation hilft da sehr. Oder Yoga. Das bringt Entspannung zurück, und die brauchen Sie, um sich durch den Dschungel Ihrer Vorhaben zu schlagen.

Ich bräuchte einen Chef.

Da haben wir das nächste typische Problem. Eben waren wir beim überehrgeizigen Typ, der am liebsten 48-Stunden-Tage hätte und sich alles vollpackt bis obenhin, um nur die Hälfte davon zu schaffen. Und hier ist sein Äquivalent, vielleicht auch ehrgeizig, aber mit einer Laissez-faire-Haltung ausgestattet. Diese Typen setzen nichts um. Vor ihren eigenen Vorhaben erstarren sie wie vorm Mount Everest. Hätten sie einen Chef, sähe das ganz anders aus; sie wären fleißige und gute Mitarbeiter. Aber allein auf sich gestellt kriegen sie nur die akuten Aufträge geregelt (da müssen sie ja Bericht erstatten). Wir alle sind anfangs nicht gewohnt, selbstverantwortlich zu arbeiten – bei diesen Menschen ist das noch stärker ausgeprägt. Sie bräuchten dringend einen Chef, um ihre Projekte jenseits akuter Aufträge zu schaffen. Doch Chefs kann man nicht kaufen. Aber, jetzt kommt Trick 17: Man kann sie ersetzen.

Und was macht ein guter Chef? Er sagt, welche Regeln gelten. Ist er modern, lässt er Sie dabei an der langen Leine, kontrolliert wenig und fordert lediglich Ergebnisse. Sie können Ihre Zeit frei einteilen und müssen nicht innerhalb der üblichen zeitlichen Vorgaben – meist zwischen 9 und 18 Uhr – arbeiten. So ein guter, moderner Chef fordert schon viel unternehmerisches Denken. Wenn Sie einmal unter so jemandem gearbeitet haben, ist das ein Vorteil für spätere Selbständigkeit, denn mit großer Wahrscheinlichkeit haben Sie schon eine etwas größere Fähigkeit zur Selbstorganisation mitgenommen. Wenn nicht, kann es sein, dass Sie noch ein engeres Gerüst brauchen. Das ist auch okay. Denn Sie machen schließlich die Regeln.

Stellen Sie sich vor, Sie sind selbst der Chef. Welche Regeln gelten in Ihrem Unternehmen? Wollen Sie bestimmte Arbeitszeiten oder ist Ihnen das Results-Only-System sehr viel sympathischer? Möchten Sie in bestimmten Kernzeiten arbeiten – sofern dies Ihre Tätigkeit überhaupt zulässt – oder selbst entscheiden, wann Sie sich an den Schreibtisch setzen? Welche Bestimmungen erlassen Sie für Wochenendarbeit? Ist es bei Ihnen zulässig, samstags und sonntags ans Telefon zu gehen? Setzen Sie wie ein Chef nicht mehr als zehn Regeln für Ihr Unternehmen fest.

Ein Beispiel:

- Wir sind unseren Kunden verpflichtet. Deshalb organisieren wir Arbeiten so, dass wir stets pünktlich liefern.
- Um optimale Ergebnisse sicherzustellen, sind Aufträge immer spätestens drei Tage vor dem Abgabetermin erledigt.
- Projekte, die nichts mit dem Alltagsgeschäft zu tun haben, integrieren wir in unseren täglichen Ablauf. Jeden Tag erledigen wir mindestens einen kleinen Meilenstein, um unser Projekt zu schaffen.
- Wir sind erreichbar wochentags zwischen 10 und 16 Uhr.
- E-Mails beantworten wir innerhalb von 48 Stunden.
- Jeden Morgen erstellen wir eine aktuelle To-do-Liste für die dringenden Arbeiten, die wir abends durchsehen.
- Einmal im Monat formulieren wir einen kurzen schriftlichen Bericht, wie wir mit diesen Regeln klarkommen und ob uns eine fehlt.

Das ist nicht hart genug für Sie, weil es noch zu frei ist? Dann gehen wir einen Schritt weiter: Stellen Sie sich bei sich selbst an – und zwar mit einem richtigen Arbeitsvertrag. Erzählen Sie es nicht weiter, denn der eine oder andere könnte darüber amüsiert sein. Wirksam ist es trotzdem, vor allem wenn Sie sich den Arbeitsvertrag noch von einer Person Ihres Vertrauens gegenzeichnen lassen. Dann gibt es da jemanden, dem Sie irgendwie verpflichtet sind – und bei manchen Menschen wirkt genau das Wunder. Da ist so ein Obrigkeitsdenken im Kopf verankert. Parallel dazu nimmt man sich selbst nicht richtig ernst. Natürlich sollten Sie sich selbst aber immer ernst nehmen und lernen, sich Vorgaben zu machen. Aber alles Schritt für Schritt – und die Schritte sollten dabei besser nicht zu riesig sein.

In dem Arbeitsvertrag halten Sie am besten auch gleich Ihre Aufgabenbereiche fest:

- Die inhaltliche Arbeit als (z.B. Programmierer)
- Marketing und Vertrieb/Akquise
- Buchhaltung und Rechnungswesen
- Controlling
- Organisation und Büromanagement
- IT und Technik

Ich habe aber auch viel zu viele Aufgaben.

Es kann sein, dass sich bei dieser Gelegenheit ein neues Problemfeld auftut: Sie merken, dass Sie ganz schön viel zu tun haben. Es könnte zu viel sein für eine Person. Alle großen Unternehmen konzentrieren sich auf ihr Kerngeschäft. Was nicht unmittelbar dazugehört, wird an Dienstleister hinausgegeben. Möglicherweise haben Sie einen Job, der zu viel von Ihnen fordert. Auch kleine Unternehmen und Solo-Selbständige können outsourcen. Das schafft Raum und Zeit für das Kerngeschäft – also Ihre bezahlten Jobs und Ihre Unternehmensentwicklung, jene Aufgaben, die Ihnen neue und bessere Aufträge bringen sollen.

Fragen Sie Ihren inneren Chef, was Sie auslagern dürfen, weil jemand anderer es besser und billiger kann als Sie. Buchhaltung und IT gehören auf jeden Fall dazu. Und im Marketing ist mindestens Unterstützung eine Option. Wenn Sie sich ganz fest an die eigene Kandare legen lassen möchten, halten Sie gleich fest, wie viel Prozent der Arbeitszeit Sie auf welchen Bereich verwenden dürfen und wie hoch Ihr virtueller Stundensatz liegt. Mit virtuellem Stundensatz meine ich die Summe, die Sie sich gutschreiben könnten, wenn Sie bezahlt würden. Das werden Sie nicht, aber es macht trotzdem Sinn, damit zu rechnen. Angenommen, Sie stecken 100 Stunden à 80 Euro in die Akquise, so haben Sie damit auch etwas für Ihren Unternehmenswert getan und 8.000 virtuelle Euro verdient. Manchen Menschen hilft diese Vorstellung ungemein, weil sie den bisher wenig geschätzten Aufgaben einen Wert verleiht. Diese Menschen sehen nur die bezahlte Zeit als Arbeit an, und das ist der wesentliche Grund dafür, warum andere Aufgaben vernachlässigt und liegen gelassen werden. Wenn Sie virtuelles Geld einbeziehen, tun Sie Ihrer Unternehmensentwicklung also etwas wirklich Gutes.

- Die inhaltliche Arbeit als (z.B. Programmierer): 40 %, 65 Euro
- Marketing/PR und Vertrieb/Akquise, 20 %, 80 Euro
- Buchhaltung und Rechnungswesen, 10 % 12 Euro
- Controlling, 5 %, 80 Euro
- Organisation und Büromanagement, 20 %, 30 Euro
- IT und Technik, 5 %, 60 Euro

Fallbeispiel

Der Softwareentwickler Anton hat immer nur seine akuten Jobs im Kopf, also die, die ihm richtig Geld bringen. Dabei hat er schon länger vor, eine App für das iPhone zu entwickeln und sich mehr in dem Bereich Mobile zu etablieren. Vor lauter Alltagsgeschäft kommt er aber nicht dazu. Als er sich in einem Seminar seine verschiedenen Unternehmerjobs bewusst macht, macht es klick. Stimmt, fragt er sich, warum mache ich den ganzen Kram eigentlich selbst? Und ehrlich gesagt könnte ich auch ein paar meiner Aufträge abgeben, um mir mehr Raum zu schaffen.

Ach so, ich habe gleich mal realistische Stundensätze für Freiberufler dahinter geschrieben. Damit Sie wissen, was Ihre Arbeit wert ist – wenn Sie sie selbst machen oder abgeben. Sie sehen dabei auch gleich, welche Aufgaben am leichtesten und billigsten abzugeben sind. Und wenn sich dann als Nebeneffekt noch die Erkenntnis einstellt, dass inhaltliche Arbeit nur einen kleineren Teil Ihrer Gesamtaufgaben ausmacht, dann sind wir mit diesem Kapitel einen ordentlichen Schritt voran gekommen im Selbständigen-Dschungel.

Miet-Kollegen

Allein kann ich mich so schlecht motivieren.

Brauchen Sie andere, um arbeiten zu können? Dann sind Sie kein seltenes Exemplar. Kollegen helfen, das Arbeitsleben zu strukturieren und bieten Austausch und Ablenkung, vielleicht auch Feedback und neue Perspektiven.

So ganz allein zuhause könnte ich mich auch nicht motivieren. Ich brauche ein Büro: Wenn ich dahin fahre, beginnt die Arbeit. Wie ein normaler Angestellter nehme ich mir zwar ab und zu auch Arbeit mit nach Hause, aber das ist etwas anderes. Arbeit, die ich mir mit nach Hause nehme, ist freie Arbeit, Spaßarbeit, keine Zwangsarbeit. Das ist etwas anderes als Arbeit im Büro.

Den meisten Menschen geht es so, nur wenige sind dauerhaft im Home Office zufrieden. Inmitten von schreienden Kindern oder nervenden Ehepartnern lässt es sich einfach nicht halb so konzentriert arbeiten wie in einem externen Büro oder einer Bürogemeinschaft. In letzterer kommt die „Sozialkontrolle“ der anderen dazu, was Rumträumen und Nichtstun automatisch einschränkt. Der Austausch mit anderen ist nicht nur für extrovertierte Selbständige extrem wichtig. Durch den Plausch zwischendurch tanken Sie Energie für den Job.

Wenn Ihnen die Arbeit nicht leicht genug von der Hand geht, fragen Sie sich, inwieweit dies an Ihrer zu einsamen Arbeitssituation liegen könnte. Manchmal ist es gerade für erfahrene Selbständige nur schwer vorstellbar, wie es sich in einem Büro mit anderen arbeitet. Außerdem werden immer wieder Kosten vorgeschoben. Aber im Ernst, die vielleicht 200, 300 Euro für einen Büroarbeitsplatz gleichen Sie durch mehr Effizienz doch sicher wieder aus?

Ein guter Übungsplatz könnte ein so genanntes Co-Working-Office sein, in dem Sie sich tage- und wochenweise einen Platz mieten, ohne sich gleich dauerhaft zu binden. Planen Sie, in eine Bürogemeinschaft zu gehen, ist es ratsam, sich zunächst einmal ein paar Tage unverbindlich zu beschnuppern, bevor Sie einen Vertrag für drei Monate oder gar ein Jahr unterschreiben. Normalerweise ist dies im Interesse beider Seiten: Die Bürogemeinschaft mit dem freien Platz möchte gern jemanden auf Dauer haben – und Sie suchen auch mehr als eine Durchgangsstation.

Weniger extrovertierte Menschen oder solche, die beruflich viel telefonieren müssen, schätzen es oft, ein abschließbares Zimmer ihr Eigen nennen zu können. Diese Selbständigen fühlen sich manchmal auch wohl in Bürocentern, die voll ausgestattete Büros vermieten, in denen aber alle ihr Einzelleben führen können. Dicht aufeinander im Großraum – was viele Kontaktmenschen lieben – ist für sie unerträglich. Auf der anderen Seite ist die Anonymität langer Flure mit vielen Einzelbüros für Beziehungsmenschen oft eher Horrorszenario als heimeliges Lockbild. Jedem das Seine. Und damit Sie das Ihre finden, hilft es schon mal enorm, sich selbst richtig einzuschätzen.

Ich habe ein paar Adressen zusammengestellt, damit Sie erste Anhaltspunkte für die Kollegensuche haben. Alternativ können auch Sie der Vermieter sein. Büroflächen finden sich meist erst ab 100 Quadratmeter. Wenn Sie als Hauptmieter das Risiko eingehen, können Sie über die Untervermietung noch ein paar Euro einstreichen. Seien Sie dabei großzügig in der Kalkulation, denn nicht nur das Risiko, sondern auch den Aufwand der Vermietung und Organisation müssen Sie sich bezahlen lassen.

Bürohaus	Städte z.B.	Co-Working	Büroservice	Adresse
Betahaus	Berlin, Hamburg	x		www.betahaus.de
Combinat 56	München	x		www.combinat56.de
Ecos-Office	Frankfurt, Bremen,* Wiesbaden		x	www.ecos-office.com
Eltern-Kind-Büro Rockzipfel	Leipzig	x		www.rockzipfel-leipzig.de
Regus	Berlin, Hamburg, Köln etc.		x	www.regus.de
Schraubenfabrik	Wien	x		www.schraubenfabrik.at

Ich komme einfach nicht zum Ende.

Da geht es mir ganz anders als Ihnen. Ich schließe Projekte ab. Und riskiere dabei kleinere Fehler. Nehmen wir das Beispiel Buchtext, Sie haben so ein Buch ja vor sich liegen: Ich weiß einfach, dass es zu viel Zeit kosten würde, auch das letzte Komma zu korrigieren. In der Zeit könnte ich viel sinnvollere Dinge tun. Mir ist es wichtig, hochprofessionell zu sein, aber perfektionistisch bin ich nicht. Vor allem weiß ich, was wichtig ist. Und Inhalt kommt bei mir immer zuerst.

Bei meinen Kunden sehe ich, was Perfektionismus anrichten kann. Da gibt es Menschen, die den Text ihrer Website monatelang feinschleifen und nie zufrieden sind. Jede Anmerkung von außen nehmen sie sofort auf und ändern bei der kleinsten Kritik ihren Kurs. Sie erkennen die Ursache für diese Form von Perfektionismus? Es ist nicht Ordnung und Genauigkeit, sondern die Suche nach Anerkennung und positivem Feedback. Die macht automatisch kritikanfällig. Wer indes jede Kritik annimmt, kann kein erfolgreiches Geschäft aufbauen. Denn: Wenn Sie vorankommen möchten, müssen Sie schnell entscheiden, welche Anmerkung weiterhilft und welche nur blockiert. Feedback zu Webseiten und neuen Produkten und Ideen ist wichtig, nicht, dass Sie mich falsch verstehen. Es geht nur um die Überbewertung anderer Meinungen, zumal von Nichtkunden-Meinungen. Es kann manchmal besser sein, Meinungen zwar wertzuschätzen, diese aber mit gutem Grund nicht in die eigene Entscheidung mit einzubeziehen.

Fallbeispiel

Die Fotografin Hanne war schon drei Jahre selbständig und verdiente ihr Geld vor allem über ihr Netzwerk. Nun wollte sie den nächsten Schritt tun und mit einer Website auch „fremde" Kunden gewinnen. Sie hatte die Erfahrung gemacht, dass viele Kunden sie empfahlen, dann aber stets nach der Website fragten. Hanne wollte Texte und Design auf jeden Fall selbst machen, weil sie der Meinung war, dass sie das am besten könne. Das Projekt „eigene Website“ zog sich über anderthalb Jahre. Immer wieder fragte sie nach und holte Meinungen ein. Jeder Bekannte fühlte sich bemüßigt, seinen Senf dazuzugeben. Teilweise widersprachen sich Feedbacks. Hanne war verwirrt. Als ich das erschreckende Ergebnis sah, riet ich ihr, alles Bisherige ad acta zu legen, mit mir gemeinsam ein einseitiges Konzept zu erstellen und den Auftrag dann extern zu vergeben. Das kostete zwar 1.500 Euro, war jedoch nichts im Vergleich zu der Zeit, die Hanne sonst ins weitere Herumdoktern gesteckt hätte.

Ob jemand gern Entscheidungen trifft, ist eine Frage der Persönlichkeit. Jeder hat auch seinen eigenen Entscheidungsstil: Die einen sammeln Fakten und wägen dann ab, die anderen handeln intuitiv. Und wie wäre es richtig? Beides tun: Fakten sammeln, abwägen UND den Bauch und die Intuition einbeziehen. Das können Sie lernen, indem Sie sich Ihren persönlichen Entscheidungsprozess bewusst machen und beide Seiten in sich aktivieren. Selbständige, die dann immer noch vor lauter Bäumen den Wald nicht sehen, müssen sich austricksen. Schreiben Sie sich einfach groß auf einen Zettel „Ich mach das jetzt!“. Machen Sie sich bewusst, dass Sie an Weggabelungen nicht ewig stehen bleiben können und es manchmal auch gleich ist, ob rechts oder links herum – Hauptsache gehen.

Die Arbeit mit einem entscheidungsfreudigeren Geschäfts- oder Kooperationspartner kann Ihre Entscheidungskompetenzen fördern. In einer Partnerschaft können sich Kompetenzen ausgleichen. Weil weniger entscheidungsfreudige Menschen oft mildere und kundenorientiertere Zeitgenossen sind, können sie im Bereich der Kundenbindung punkten.

Haben oder sehen Sie diese Möglichkeit nicht, lernen Sie, lockerer zu werden. Autosuggestion ist da ein sehr wirksames Mittel. Werfen Sie sich eine virtuelle Lockerlassen-Pille ein oder schreiben Sie sich auf ein Plakat „Lass locker“. Wichtig: positive Botschaften. Also nicht:„Sei nicht so perfektionistisch!“, sondern das Ergebnis formulieren. Ganz wichtig, alle Eltern unter Ihnen wissen, warum: „Nicht“ und „nein“ werden überhört, und so zieht ein „Sei nicht so laut!“ eher eine Verstärkung der Geräuschkulisse nach sich als das Gewünschte zu bewirken.

Ich ziehe Dinge nicht durch.

Ein paar Absätze zuvor habe ich gesagt, Sie sollten nicht zu streng mit sich sein. Das nehme ich jedoch gleich wieder zurück, wenn Sie zu der Kategorie Mensch gehören, der die Disziplin völlig abgeht. Dann sind Sie einer jener Personen, die es ZU gut mit sich meinen. Sie entschuldigen sich dauerhaft vor sich selbst. Dabei haben nicht wenige ein latent schlechtes Gewissen, das aber auch nicht schlecht genug ist, um eine Änderung herbeizuführen.

Wenn es wirklich um zentrale Dinge geht, die letztendlich Ihrem Erfolg im Weg stehen, fragen Sie sich, warum Sie ständig eine Ausrede für sich suchen. Zu vermuten ist, dass Ihnen Disziplin fehlt, eine alte deutsche Tugend, die in unserer modernen Zeit langsam verschwindet. Disziplin zeigt sich in unterschiedlichen Bereichen: Essen oder auch Sport, aber eben auch im Arbeitsleben.

Ich behaupte: Wer die Disziplin aufbringt, jeden Tag oder auch nur vier Tage die Woche zu laufen, schafft auch seinen Job. Es ist sogar erwiesen, dass Läufer erfolgreicher im Beruf sind. Ob sich das auch auf Selbständige bezieht, hat sich bisher keiner angesehen. Meine Vermutung wäre: ja. Deshalb kann eine Maßnahme darin bestehen, sich selbst zu regelmäßigem Sport zu verdonnern. Ich selbst habe einige Jahre wenig Sport gemacht, das waren Jahre mit mäßigem Erfolg.

Sport

Sport kann für Disziplinlose ein erster wichtiger Schritt sein, den eigenen inneren Schweinehund zu überwinden. Wichtig ist, dass Sie sich keine Ausnahmen erlauben und immer tun, was Sie sich vorgenommen haben. Lassen Sie es sich nicht durchgehen, wenn Sie sich schlecht fühlen oder faul. Wenn Sie das auf Ihre Selbständigkeit übertragen, haben Sie eine ganz wichtige Erkenntnis gewonnen: Es geht nicht nur um Spaß. Um sich gut zu fühlen, müssen Sie manchmal erst das schlechte Gefühl überwinden, ja vielleicht sogar dagegen ankämpfen. Laufen Sie mal bei miesestem Wetter durch Matsch. Das ist nicht schön, es ist eine Quälerei. Aber danach geht es Ihnen gut.

Mit allen ungeliebten beruflichen Tätigkeiten ist es ganz ähnlich. Akquiseaufgaben schieben meine Kunden oft ewig vor sich her. Sie finden tausend Gründe, das, was Sie sich selbst vorgenommen haben, nicht zu tun. Aber wenn sie sich einmal überwunden haben, geht es ihnen so gut, dass manche tanzen könnten! Deshalb lasse ich die in Büchern oft zitierte Akquiseregel „Akquirieren Sie nur, wenn Sie sich gut fühlen" nicht gelten. Es gibt einfach zu viele Kandidaten, die sich nie gut fühlen.

Sie können Disziplin auch an Sanktionen koppeln: Wenn Sie etwas nicht tun, bestrafen oder belohnen Sie sich. Was besser ist, entscheiden Sie.

Gruppenschelte

Übrigens gibt es eine ganz schlimme Form der Sanktion: das Gruppenouting. Einer meiner Kollegen bietet ein Seminar zum Thema Markterkundung. An einem Tag besprechen die Teilnehmer die Maßnahmen, die sie sich für den Monat vornehmen. Einen Monat später müssen Sie offenlegen, was sie getan haben (oder auch nicht) und Bericht erstatten. Das ist wie die öffentliche Waage, die es angeblich bei Weight-Watchers-Terminen gibt. Allein um sich die Peinlichkeit zu ersparen, vor der Gruppe als Versager dazustehen, ziehen Teilnehmer das Programm durch.

Wenn Sie solche Gruppenschelte nicht haben, schaffen Sie sie sich. Gründen Sie eine Akquisegruppe oder eine Unternehmensentwicklungsgruppe, je nachdem, worum es Ihnen geht. Die Gruppe sollte klein genug sein, dass Termine verbindlich sind, und groß genug, damit Gruppenzwang entsteht (also vier bis sieben Personen umfassen). Wichtig ist, dass die Gruppenmitglieder auf einer Stufe mit Ihnen stehen, besser etwas höher – also keine Anfänger mehr sind.

Ich Chef, du auch?

Ich lasse meinen Mitarbeitern zu viel durchgehen.

Harry und Peter arbeiten seit 30 Jahren zusammen auf 30 Quadratmetern. Dabei sind sie durch Höhen und Tiefen gegangen. Harry ist der Chef und Peter der Mitarbeiter. Wenn Sie ein gutes Geschäft gemacht haben, stoßen Sie an – dann gibt es auch Sekt für die benachbarte Bürogemeinschaft.

Wenn Selbständige Mitarbeiter haben, arbeiten sie oft ganz eng mit ihnen zusammen. Meist sind es weniger als zehn, 15, die nicht selten über einen längeren Zeitraum als in manchem Konzern üblich an Bord bleiben.

Richtige Mitarbeiterführung ist da schwierig. Und hier beginnt das Problem, das viele Selbständige gerne ausblenden: Weil die Mitarbeiter fast zur Familie gehören, lässt man ihnen vieles durchgehen. Das hat Konsequenzen für die Zeitressourcen und das eigene Leben.

Fallbeispiel

Ralf hat ein kleines Ingenieurbüro mit acht Mitarbeitern, von denen sieben schon über 20 Jahre in seinem Team sind. Jeder bearbeitet seine Aufgaben in einem von außen betrachtet eher langsamen Tempo, und auch Ralf ist inhaltlich tätig. Zu seiner inhaltlichen Arbeit kommt aber noch die unternehmerische. So arbeitet er mehr als seine eigenen Angestellten, die von Acht-Stunden-Tagen verwöhnt sind. „Ich verdiene aber auch mehr Geld“, redet er sich raus. Die Wahrheit ist jedoch, dass er sich mit einer 60-Stunden-Woche aufreibt, während seine Angestellten ein recht lockeres Arbeitsleben mit nachlassendem Engagement führen. Nach einem Herzanfall weiß er, dass er handeln muss.
Die Lösung: Er überträgt seinen Mitarbeitern auch Verantwortung für unternehmerische Bereiche und bestimmt einen stellvertretenden Geschäftsführer. Er selbst zieht sich aus dem inhaltlichen Geschäft zurück und nimmt keine eigenen Projekte mehr an. Stattdessen konzentriert er sich auf die unternehmerischen Aufgaben, zu denen auch das regionale Networking gehört. Wo sonst lassen sich schließlich besser neue Aufträge gewinnen?

Oft arbeiten Selbständige mit wenigen Mitarbeitern an den gleichen Aufgaben wie diese selbst. Die übergeordneten Aufgaben werden gar nicht gesehen. Die sind aber nötig, um das Unternehmen zu strukturieren und so zu organisieren, dass alle Beteiligten zufrieden arbeiten und sich nicht im Hamsterrad drehen.

Ein erster Schritt kann also wie bei Ralf darin bestehen, sich aus der inhaltlichen Arbeit zurückzuziehen. Der zweite liegt darin, Verantwortung zu übergeben. Normalerweise denken wir, angestelltentypisch geprägt, wird müssten Aufgaben delegieren. Das können sich kleine Selbständige aber oft gar nicht leisten. Zu viel Zeit würde es kosten, die delegierten Aufgaben zu kontrollieren.

Hier kann ich aus eigener Erfahrung sprechen. Jahre war ich davon ausgegangen, dass Aufgaben an Mitarbeiter übertragen werden müssten. Erst durch die Lektüre des Buchs von Stefan Merath „Der Weg zum erfolgreichen Unternehmer" habe ich begriffen, dass dies geradewegs in die Selbstüberforderung führt. Jede delegierte Aufgabe kam irgendwann zu mir zurück. „Kannst du mal drüberlesen?" oder „Wie findest du das?" Es gab Zeiten, da war mein halber Tag mit der Beantwortung von Fragen wie „Wie soll ich …?" oder „Was meinst du?" gefüllt. Mich hat das zunehmend genervt, weil die wesentlichen Dinge liegen blieben.

Ich machte von einem Tag auf den anderen einen Schnitt und nahm meinen Mitarbeitern Aufgaben weg, um ihnen stattdessen Verantwortung zu übertragen. Mir war bewusst, dass ich damit den Schritt vom inhaltlich Selbständigen zum Unternehmer getan und Freiheit gewonnen hatte.

Ich erreichte sogar ein völliges Umdenken bei meiner betriebswirtschaftlich bis dahin nur begrenzt interessierten Mitarbeiterin. Sie rechnet selbst und sagt mir, wenn die Umsätze steigen. Und das, obwohl sie angestellt ist.

Meine Mitarbeiter können keine Verantwortung übernehmen.

Fallbeispiel

Der Architekt Peter übergab seiner Assistentin jeden Morgen eine lange Liste mit Aufgaben, die sie abzuarbeiten hatte. Die Assistentin fragte bei jedem Punkt, der nicht ganz klar war, nach. Irgendwann beschlich Peter das Gefühl, dass er mehr Zeit in die Teilzeitkraft steckte, als er durch sie gewann. Erst durch ein Coaching wurde ihm bewusst, dass er von einer Angestellten, der er Listen gab, kaum selbständiges Denken erwarten konnte. Er sprach mit seiner Sekretärin und wies ihr von nun an Aufgabenbereiche zu, unter anderem die Angebotserstellung. Dafür definierte er ganz genau, wie so ein Angebot auszusehen hatte. Auch die Buchhaltung und Kommunikation mit dem Steuerberater übertrug er der Angestellten – und klinkte sich selbst aus. Seine neue Regel: Information nur noch, wenn es etwas Ungewöhnliches gibt, das sich nicht auch auf anderem Weg klären lässt.

Studien besagen, dass kleine Unternehmen einen ganz anderen Typ von Mitarbeiter brauchen. Mitarbeiter nämlich, die auch selbständig sein könnten, wenn sie wollten. Das kann ich bestätigen. Zu einer so selbständigen Arbeit ist nicht jeder in der Lage. Nicht jeder kann Verantwortung übernehmen oder besser gesagt: Nicht jeder will es. Eine sehr unsichere Person würde das nicht können, auch niemand, der vorgegebene Prozesse braucht.

Ein gesundes Selbstbewusstsein ist nötig, und der Mut, eigene Entscheidungen zu treffen. Solch selbstbewusste Mitarbeiter sind aber oft auch jene, die Unternehmern Angst machen, weil sie sich nicht unterordnen. Nicht selten habe ich erlebt, dass ein Inhaber einen geeigneten Bewerber wegschickte, weil er ihm zu qualifiziert oder selbstbewusst war oder beides. Ein „Mäuschen“ mag zwar günstiger und pflegeleichter wirken, wird seine wesentliche Funktion, Ihnen Arbeit abzunehmen, aber nicht erfüllen können.

Ich finde es sehr schade, dass viele Selbständige dies nicht erkennen und aus Angst vor Überqualifikation und Konkurrenz im eigenen „Laden“ geeignete Bewerber übergehen. Die Wahrheit ist doch: Es ist ein Geschenk, Mitarbeiter zu haben, die mitdenken und genauso leistungsfähig wie Sie selbst sind. Falls Sie also nicht das passende Personal haben, gibt es zwei Möglichkeiten: Erziehen Sie die vorhandenen Mitarbeiter oder stellen Sie neue ein.

Wenn Sie wirklich wollen, dass Sie weniger Arbeit haben, kann Delegieren nicht die Lösung sein; die Lösung liegt in der Übergabe von Verantwortung. Delegieren können angestellte Manager, die dafür bezahlt werden, Lösungen auch zu kontrollieren. Das geht in Ihrem Fall einfach nicht.

Raus aus ... der Hamsterrad-Falle

Ich rotiere!

Unerledigte Rückrufe, offene Anfragen, hunderte Mails, liegen gebliebene Rechnungen ... All das hinterlässt ein Schlachtfeld im Terminkalender und das Gefühl, den zur Erledigung der Arbeit fehlenden Stunden wie blöde hinterher zu rennen. Dass andere Sie um die gute Auftragslage beneiden, macht es auch nicht besser. Sie fühlen sich nicht erfolgreich, sondern schlicht überfordert.

Wer die Anfangsschwierigkeiten einer Existenzgründung überlebt hat, landet früher oder später in einem Hamsterrad, das sich ohne Ende dreht. Am Ende eines jeden Tages bleiben noch so viele To-dos übrig! Was für ein Luxusproblem, sagen jetzt Ihre Neider. Sie sehen das wahrscheinlich anders, denn das Gefühl „es" geschafft zu haben, wird überlagert von Unzufriedenheit über zu wenig Zeit, zu viel Stress und im Verhältnis dazu meist zu niedrige Einkünfte.

Das kenne ich aus eigener Erfahrung. „Karin, bitte leg mir nicht so viele Termine in meine Woche", sagte ich meiner Mitarbeiterin, als ich mittendrin steckte im Hamsterrad. „Aber das ist so dringend! Diese Menschen brauchen sofort Unterstützung und können nicht vier Wochen warten!", erwiderte sie. So ließ ich mich eine Zeit lang breitschlagen und rotierte, um den Spagat zu den Kundenanforderungen zu schlagen. Bis ich irgendwann merkte, dass nur eine Maßnahme wirklich half: die Honorare so zu erhöhen, dass sich die Nachfrage auf einem für mich akzeptablen Niveau selbst regulierte. Womit wir gleich bei einer Anti-Hamsterrad-Maßnahme sind, die auch noch ins Geldkapitel passen würde. Verlangen Sie einfach mehr Honorar, wenn Sie zu wenig Zeit haben. Die Zeit kommt auf diese Weise von allein zurück – bei gleichzeitig mindestens stabilen, wenn nicht sogar steigenden Einkünften.

Nicht jeder kann allerdings an dieser Schraube drehen. Die Branche spielt hier eine Rolle und die Art der Tätigkeit. Ein Pflegedienstleister kann keine Honorare erhöhen, ein Arzt auch nicht. Die Schrauben, an denen Sie drehen müssen, wenn Sie zu einer honorargebundenen Berufsgruppe gehören, sind dann andere.

Hamsterradphänomen

Schauen wir uns dazu zunächst einmal die Ursachen für das Hamsterradphänomen an, die zeitliche Überforderung. Es gibt zwei Varianten davon:

- Zeitweise Überforderung: Die Zeitnot spitzt sich zu bei Projektarbeiten oder wenn es saisonal bedingt eine größere Nachfrage gibt. Manchmal passiert es auch, dass mehrere Kunden Aufträge gleichzeitig zusagen.
- Dauerhafte Überforderung: Es ist ständig mehr Arbeit als Zeit vorhanden.

Die nahe liegende Lösung bei Zeitnot lautet: Aufträge ablehnen. Doch wer traut sich das schon, vor allem bei der Variante zeitweise Überforderung? „Ich habe so viele schlaflose Nächte verbracht, aus lauter Angst, dass Aufträge wegbrechen oder es vielleicht mal nicht so läuft wie jetzt. Da kann ich jetzt einfach nichts ablehnen“, sagt die Anwältin Rena. „Wenn ich nein sage, ist der Kunde weg.“

Wirklich?

Ich kann keine Aufträge ablehnen, dann kommen sofort Konkurrenten aus ihren Löchern.

Ich möchte Ihnen beweisen, dass das nicht so sein muss. Sie können nein sagen, ohne sich danach durch schlaflose Nächte zu quälen. Im Gegenteil sollte Ihnen das selbstbewusste Grenzensetzen sogar mehr Entspannung bringen – und letztendlich auch mehr Erfolg. Wie das sein kann? Um die Zusammenhänge zu verstehen, sollten wir uns ein Phänomen einmal genauer anschauen, das Selbständige normalerweise viel zu wenig beachten. Es handelt sich um das Phänomen, das die so genannten Wechselkosten auslösen.

Wechselkosten sind die imaginären und tatsächlichen Kosten, die entstehen, wenn Kunden den Anbieter wechseln. Imaginäre Kosten sind jene Kosten, die durch einen erhöhten Aufwand entstehen. Bei der Mehrzahl der selbständigen Tätigkeiten geht es ausschließlich um solche imaginäre Kosten, denn tatsächliche entstehen nur, wenn etwa ein Wartungsvertrag vorzeitig gekündigt oder ein Gerät ausgetauscht werden muss. Aber auch die imaginären Kosten haben es in sich. Wenn ich den Steuerberater wechsle, ist der Aufwand groß: Ich muss sämtliche Unterlagen zurückholen, das Finanzamt informieren, den neuen Steuerberater in vielleicht komplizierte Zusammenhänge und Hintergründe einführen, Lastschriften erneuern, eine Vollmacht erstellen. Und dann plagt mich noch die Unsicherheit, ob der „Neue“ wirklich besser ist. Es geht also vor allem um Zeit, Aufwand und Vertrauensbildung, die ich in einen neuen Dienstleister stecke. Alles imaginäre Kosten.

Vertrauen schützt

Ein Beispiel für geringe Wechselkosten: Wenn ein Journalist eine Auftragsarbeit nicht erfüllen kann, frage ich einen anderen mit vergleichbarer Qualifikation. Bin ich zufrieden mit der Leistung des „Ersatzmannes“, gibt es Folgeaufträge auch für diesen. Und der alte Geschäftspartner ist vielleicht vergessen. Wenn ich bei einem Anwalt keinen Termin für meinen dringenden Fall bekomme, gehe ich zum nächsten. Ich sage kurz „schade", wenn ich zuvor schon einigermaßen gute Erfahrungen bei dem anderen Anwalt gemacht habe. Wenn ich überzeugt war von der anwaltlichen Beratung, werde ich mir allerdings gut überlegen, ob ich nicht doch warte. Sie sehen also: Vertrauensbildung spielt eine große Rolle: Je zufriedener der Kunde ist, desto weniger wird er Sie austauschen wollen.

Der Steuerberater hat es in Sachen Wechselkosten besser als beispielsweise der Übersetzer oder Journalist: Ihn zu wechseln, kostet mich mehr Aufwand und Zeit, die Vertrauensbildung ist größer. Den Journalisten oder Übersetzer tausche ich einfach aus. Es entstehen nur geringe Wechselkosten, die vor allem in der Persönlichkeit des anderen liegen sowie im Beweis seiner fachlichen Kompetenz, wenn der Nachweis im Form von CV und Zertifikaten erbracht werden kann. Es bleibt zwar die Unsicherheit, ob der „Neue" auch gut arbeitet, zuverlässig ist, vertrauenswürdig, die Ergebnisse dem Fachprofil entsprechen. Dieses Risiko gehe ich bei kleineren Aufträgen aber eher ein als bei großen. Weiterhin werde ich leichter wechseln, wenn ich persönlich nicht stark gebunden bin und mich nicht verpflichtet fühle.

Vergraulen leicht gemacht

Stark fallende Kurse bei den Wechselkosten sind zu beobachten, wenn ich mich ärgere. Als ich mich über eine falsche Beratung meines Steuervertrauten brüskierte, der keine Entschuldigung folgte, packte ich meine Sieben-Akten und nahm den Aufwand des Wechsels gern in Kauf. So ein Wechsel kann noch viel einfacher sein, wenn nicht mal Akten hin- und hertransportiert werden müssen.

Fallbeispiel

Jahrelang habe ich mit einer englischen Übersetzerin zusammengearbeitet. Dann rotierte sie im Hamsterrad. Ein drei Monate dauerndes Projekt brachte viel Geld, ließ aber keine Nebenbei-Aufträge zu. Anstatt mir das zu sagen, antwortete sie nicht mehr auf Mails. Ich musste mir eine neue Geschäftspartnerin suchen. Mit der war ich noch zufriedener, also gab ich ihr die nun folgenden Aufträge.

Nach der anstrengenden Projektphase fragte mich meine frühere Auftragnehmerin, ob ich nun wieder Projekte hätte. Die hatte ich nicht, ich war ja zufrieden mit der neuen Situation. Es war genau das eingetreten, was viele befürchten, die Angst vor dem Nein haben und deshalb alle Aufträge pflichtbewusst annehmen. Wenn Sie mich informiert und mir zeitlich begrenzt eine Alternative genannt hätte, wäre das nicht passiert.

Was Sie an diesem Beispiel erkennen? Geringe Wechselkosten machen Sie leicht austauschbar. Gleichzeitig sind Sie mit Aufträgen „dicht" und müssen etwas tun, damit Sie sich ein Mindestmaß an Lebens- und Arbeitsfreude erhalten. Was bedeutet das für Sie als Selbständiger? Die gute Nachricht: Sie können nein sagen und damit Ihre Arbeit reduzieren, ohne dadurch gleich Ihre Kunden zu verlieren. Sie müssen dabei nur strategisch vorgehen und Ihren Verstand einschalten.

Unersetzlich

Zunächst einmal heißt das: Erhöhen Sie die Wechselkosten! Machen Sie es Ihren Kunden schwer, einfach zu einem anderen Anbieter zu gehen. Schauen wir uns die Maßnahmen, um Wechselkosten zu erhöhen, einmal am Beispiel meiner Übersetzerin an. Sie hat verschiedene Fehler gemacht. So hatte sie ihre Projektphase nicht angekündigt, sondern als ich um die Erledigung eines Auftrags bat, erst gar nicht geantwortet und dann nur kurz geschrieben „Ich bin jetzt die nächsten drei Monate weg". Weiterhin hatte sie mir für die Zeit, in der sie ausfiel, keine Ersatzlösung präsentiert. Daraus leiten sich folgende Maßnahmen ab, die auch in ihrem Fall die Wechselkosten erhöht hätten anstatt sie zu senken:

- Kündigen Sie möglichst frühzeitig an, wenn Sie (zeitweise) keine Aufträge mehr annehmen können.
- Sagen Sie, wenn Sie länger brauchen, um einen Auftrag zu bearbeiten.
- Bieten Sie, wenn Sie Aufträge ablehnen müssen oder zeitweise weg sind, eine Ersatzlösung an.

Eine Ersatzlösung kann beispielsweise ein Kooperationspartner sein. Meine Übersetzerin hätte mit so einem Partner eine schriftliche Vereinbarung für drei Monate treffen können. Die Rechnungen hätten in dieser Zeit weiter über sie laufen können, das heißt, der Partner wäre als Subunternehmer tätig geworden. Alternativ hätte sie die Verantwortung an den Partner übergeben und einen bestimmten Prozentsatz für die Vermittlung einbehalten können. Auch wenn ich mit dem Partner in der Zwischenzeit zufrieden gewesen wäre: Durch die klare Strukturierung wäre mir nach Ablauf der drei Monate klar gewesen, dass nun wieder meine ursprüngliche Übersetzerin zum Zuge kommt. Durch eine offizielle Rückmeldung nach drei Monaten – „Bin wieder da" – hätte ich mich als Kunde zudem wertgeschätzt gefühlt. Ich hätte mich nicht ohne schlechtes Gewissen aus der bestehenden Geschäftsbeziehung schleichen können. Wahrscheinlich wäre ich nicht mal auf die Idee gekommen, es zu tun.

Best Practice

Mein Grafiker schickt seinen Kunden schon vier Wochen vor seinem Urlaub oder längeren Projekten die Ankündigung, dass er im Zeitraum X nicht da sein wird. Daran erinnert er dann kurz vor seiner Abreise ein zweites Mal. Er vermeidet so einen Auftragsstau und macht nebenbei immer wieder auf sich aufmerksam, so dass als Nebeneffekt auch neue Aufträge aus den Erinnerungsmails entstehen. Den Zeitraum zur Erledigung seiner Jobs legt er sehr großzügig an. So bekommt sein Kunde diese oft früher als geplant zurück als umgekehrt. Damit erreicht mein Grafiker zweierlei: Erstens ist der Kunde zufrieden, weil er nicht warten muss. Zweitens hat er durch die großzügige Zeitplanung selbst genug Puffer.

Praxistool: Wechselkostenrechner

Wie hoch sind Ihre Wechselkosten?	In % / Euro
Die tatsächlichen Kosten für einen Wechsel des Auftragnehmers in 100 % der durchschnittlichen Auftragssumme:	0 Euro
Die Wahrscheinlichkeit, dass andere das können, was ich kann:	100 %
Die Wahrscheinlichkeit, mit der andere genauso schnell arbeiten wie ich:	100 %
Die Wahrscheinlichkeit, mit der andere inhaltlich genauso so gute Ergebnisse bringen wie ich:	80 %
Die Wahrscheinlichkeit, mit der andere genauso zuverlässig liefern wie ich:	50 %
Die Wahrscheinlichkeit, mit der andere genauso preiswert wie oder sogar noch günstiger arbeiten als ich:	100 %
Die Wahrscheinlichkeit, mit der ein Auftraggeber den Aufwand des Wechsels in Kauf nimmt:	50 %
Die Wahrscheinlichkeit, dass andere mit den Anforderungen des Kunden klarkommen:	100 %
Mein Wechselkostenfaktor	82,86

Natürlich ist dies keine genaue Berechnung, sondern soll nur helfen, sich bewusst zu machen, wie wichtig die Wechselkosten sind und an welchen Punkten Sie nachbessern sollten. Das Beispiel zeigt, dass das Risiko der Unternehmerin, einen Auftraggeber zu verlieren, relativ hoch ist, weil ihre Konkurrenz anscheinend deutlich günstiger arbeitet und auch gut mit den Anforderungen des Kunden klarkäme. Besser wären niedrigere Werte. Ingesamt scheint die Arbeit überwiegend absolut vergleichbar zu sein. Die abzuleitende Maßnahme: Die Unternehmerin sollte an Ihrer Abgrenzung zur Konkurrenz arbeiten. Dann ist es auch kein Problem, wenn Ihre Arbeit teurer ist als die der anderen. Wenn dieser Vorteil jedoch nicht gegeben ist, wächst sich das fehlende Alleinstellungsmerkmal vielleicht zum Problem aus.

Peperoni fürs Angebot
Schärfen Sie Ihr Angebot, indem Sie Spezialwissen einbringen. Ein Englisch-Übersetzer verursacht sehr geringe Wechselkosten. Ein Englisch-Übersetzer, der spezielles Know-how im Arbeitsrecht mitbringt und sich im Personalwesen auskennt, dagegen hohe. Arbeiten Sie an Ihrer Zuverlässigkeit oder Schnelligkeit, wenn Sie niedrige Werte in diesen Bereichen haben.

Ihr Preis ist dagegen ein heikles Thema: Hat Ihre Analyse ergeben, dass andere wahrscheinlich preiswerter sind oder genauso preiswert, sind Sie zwar leicht austauschbar – sollten aber im Sinne der Honoraroptimierung mit Ihrer Forderung nur heruntergehen, wenn Sie wirklich deutlich über dem mittleren Wert in ihrem Branchenschnitt liegen. Eine Preiserhöhung ist dagegen angebracht, wenn die Wechselkosten in fast allen Bereichen hoch sind, Sie aber trotzdem unter einem Zuviel an Aufgaben stöhnen.

Weg mit dem Nervkram

Ich habe einfach ständig zu viel zu tun.

Der zweite Fall ist etwas anders geartet: Sie sind dauerhaft überlastet und haben immer zu viel zu tun. Wechselkosten erhöhen ist immer gut. Diese Situation aber fordert eine andere Anti-Hamsterrad-Maßnahme. Sie müssen Aufgaben abgeben. Das ist selbst für Profis und Menschen, die bereits eigene Mitarbeiter haben, nicht so einfach wie es klingt. Der Grund liegt in einem typischen Selbständigen-Persönlichkeitsmerkmal: dem Dickkopf. Selbständige sind zu einem guten Teil Menschen, die sich ungern ins Handwerk pfuschen lassen und alles besser wissen. Solche Personen neigen dazu, mit den Lösungen von anderen nie zufrieden zu sein, was für diese frustrierend sein kann. Ich kenne eine Beraterin, die auf diese Weise in zehn Jahren etwa 50 Mitarbeiterinnen verbraucht hat. Keine war ihr gut genug. Auf die Idee, sich selbst und die eigenen Ansprüche zu hinterfragen, kam sie allerdings nicht. Machen Sie es besser!

Zu Höherem da

Alle Arbeiten, die, als Auftrag an einen Subunternehmer oder eine studentische Hilfe herausgegeben, günstiger wären als Ihr durchschnittlicher Stunden- oder Tagessatz, sind nicht Ihr Job! Sie sind einfach zu teuer dazu. Angenommen, Sie verdienen als Berater 120 Euro die Stunde, verbringen aber acht Stunden mit vorbereitender Buchhaltung, also dem Ordnen von Belegen, für einen Wert von 11 Euro/Stunde, macht 88 Euro. Durch eine einzige Beratungsstunde à 120 Euro hätten Sie die Kosten für einen Mitarbeiter schon wieder drin! Und argumentieren Sie jetzt bitte nicht, dass Sie die Buchhaltung dann erledigen, wenn Sie nicht anders ausgelastet sind. DIESE Zeit können Sie deutlich sinnvoller investieren, etwa für Akquise oder Networking. Dafür können Sie sich dann auch gleich mindestens 80 Euro die Stunde aufschreiben – das ist so eine Tätigkeit nämlich wert. Lassen Sie das Geld also einfach in den Wert Ihres Unternehmens einfließen. Das ist wichtig. Es ist zwar kein echtes Geld, aber die Tatsache, dass Sie es aufschreiben, ist psychologisch sinnvoll.

Was Kleines

Wenn Sie noch keine Mitarbeiter haben, empfiehlt sich als Einstiegsmodell der Minijob. Der kostet Sie bis zu 400 Euro im Monat sowie die Sozialabgaben in Höhe von 30 Prozent – also gesamt 520 Euro, die Sie von der Steuer abziehen können. Auch Studenten und Menschen, die woanders einen Vollzeitjob ausüben, können übrigens auf Minijobbasis bei Ihnen arbeiten. Wichtig ist nur, dass nicht mehr als 400 Euro verdient werden – und eine einzelne Person nur einen einzigen Minijob hat bzw. in mehreren Minijobs nicht mehr als 400 Euro lukriert. Denn die 400 steuerfreien Euro gibt es nur einmal je Person. Anmelden können Sie einen Minijob ganz einfach über die Minijobzentrale (www.minijobzentrale.de). Sicher erledigt auch Ihr Steuerberater dies für einen geringen Betrag oder im Zuge der monatlichen Umsatzsteuererklärungen. In Österreich gibt es einen Minijob wie in Deutschland nicht. Dort existiert allerdings die geringfügige Beschäftigung bis 374 Euro, die teilweise von der Zahlung in die Unfallversicherung befreit.

Was Bindendes

In kreativen Bereichen können Sie Ihre überschüssigen Aufgaben auch an Praktikanten verteilen, die Sie dafür aber bitte zumindest etwas entlohnen sollten. Diese freuen sich normalerweise über verantwortungsvolle Aufgaben, die eigenen Projektcharakter haben. Wollen Sie jemanden ein Jahr oder anderthalb binden, locken Sie mit einem Volontariat oder Traineeprogramm. Das darf jeder anbieten! Wenn es darum geht, die Geheimnisse der PR, der Kultur oder des Journalismus zu erlernen, sind junge Menschen oft bereit, finanziell sehr kleine Brötchen zu backen und zum Beispiel für 1.000 Euro im Monat zu arbeiten. Im Gegenzug möchten sie dafür allerdings auch gern etwas lernen. Das Geld zahlen Sie hier ganz normal als Gehalt, das heißt, Sie müssen den Job beim Finanzamt und den Sozialversicherungsträgern anbieten. Am besten fragen Sie dazu Ihren Steuerberater, denn Sie brauchen dann auch jemanden, der Ihnen die Gehaltsabrechnung erstellt.

Best Practice

Hannes hat eine kleine Produktionsfirma, die vor allem mit freien Mitarbeitern arbeitet. Nun möchte er jemanden haben, der ständig da ist und Rechercheaufgaben übernehmen sowie Interviews vorab führen kann. Er überlegt sich, dass ein Volontariat über zwei Jahre die Lösung ist. Da er an keinen Tarif gebunden ist, kann er das Gehalt frei vereinbaren. Er findet jemanden, der bereit ist, für 1.200 Euro Bruttogehalt tätig zu werden. Im Gegenzug bietet er Einblicke in das Fernsehgeschäft, Kontakte, Erfahrungen und ein Zeugnis.

Was Dauerhaftes

Wünschen Sie sich einen Mitarbeiter, der billig ist und lange bleibt? Schauen Sie sich einmal in der Auszubildenden-Welt um. Als Unternehmen dürfen Sie auch ausbilden, sofern Sie selbst einen Abschluss in einem ähnlichen Bereich haben oder aber studiert sind. Allerdings müssen Sie eine kurze Ausbilder-Eignungsprüfung ablegen, um die pädagogischen Kenntnisse nachzuweisen. Davon ausgenommen sind nur Handwerks-Meister, die diese Prüfung innerhalb des Meisterlehrgangs ablegen. So kann ein Betriebswirt problemlos einen Bürokaufmann anleiten oder ein studierter Designer einen Mediengestalter, sofern er die notwendige Erfahrung nachweist. Im Einzelfall prüft das die Industrie- und Handelskammer (IHK) oder Handwerkskammer, indem sie sich anschaut, ob der Betrieb geeignet ist, die notwendigen Kenntnisse zu vermitteln. Bei der Vergütung der Auszubildenden sind Sie frei, wobei Sie auch hier natürlich alles als Gehalt anmelden müssen. Weiterhin müssen Sie beachten, dass Auszubildende an einer Berufsschule lernen müssen – sofern sie unter 21 Jahre alt sind. Ältere Azubis können zur Schule gehen, müssen aber nicht. Es könnte sich für Sie also lohnen, einen älteren Lehrling zu beschäftigen.

Hierzu das in Deutschland landesspezifisch teilweise unterschiedlich geregelte Schulpflichtgesetz, zuletzt geändert am 8. Juli 2003:[6]

(1) Die Berufsschulpflicht dauert für Jugendliche und Erwachsene in der Regel solange ein Berufsausbildungsverhältnis besteht, das vor Vollendung des einundzwanzigsten Lebensjahres begonnen worden ist.

(2) Die Berufsschulpflicht dauert für Jugendliche ohne Berufsausbildungsverhältnis bis zum Ablauf des Schuljahres, in dem der Schüler das achtzehnte Lebensjahr vollendet. Die obere Schulaufsichtsbehörde kann einen Berufsschulpflichtigen, der das achtzehnte Lebensjahr vollendet hat, vom weiteren Besuch der Berufsschule befreien. Die Berufsschulpflicht endet vor Vollendung des achtzehnten Lebensjahres nach insgesamt elf Schuljahren, wenn der Berufsschulpflichtige ein berufsbildendes Vollzeitschuljahr besucht hat.

Partner

Nicht jeder hat Lust auf Mitarbeiter und die damit verbundene Verantwortung. Sie auch nicht? Dann suchen Sie sich doch Partner auf Augenhöhe, die Ihnen Aufgaben oder ganze Projekte abnehmen können. Das Problem ist hierbei meist die Finanzierung. Als „kleiner“ Selbstän-

[6] Z.B. NRW: http://www.le-rs-nw.de/cms/dokumente/schulpflichtgesetz.pdf

diger nehmen Sie ja weniger Honorar als die größeren Unternehmen. Dass Sie Ihrerseits Subunternehmer finanzieren ist vielfach nicht eingeplant. Dies lässt oft nicht genügend Spielraum für eine angemessene Honorierung. Dass viele Selbständige ihre Partner unter Freunden und Bekannten suchen, erschwert die Sache zusätzlich. Und so erlebe ich nicht selten, dass sehr großzügig abgegeben wird – am Ende für einen selbst aber kaum etwas übrig bleibt. Halten Sie sich vor Augen, dass Sie Ihre Projekte selbst akquiriert haben. Weiterhin müssen Sie, selbst wenn Sie etwas abgeben, den Kopf hinhalten und die Qualität der Leistung sicherstellen. Nicht zuletzt sind Sie für das Projektmanagement und die Zahlungsabwicklung zuständig. Dies alles rechtfertigt, dass Sie 50 bis 60 Prozent der gesamten Honorarsumme für sich behalten. Beispiel: Sie erhalten für einen Designauftrag 65 Euro die Stunde. Sie geben die Reinzeichnung an einen Partner. Wenn dieser ein Honorar von 30 bis 32 Euro bekommt, ist das angemessen. Das ist wenig, und Sie merken an dieser Stelle, dass Ihr Honorar-Modell eigentlich nicht für solche Partner-Lösungen konzipiert ist. Passen Sie es langsam an. Dazu haben Sie Futter in den Geldfallen-Kapiteln erhalten.

Neue Orga

Manchmal brauchen Sie weder Mitarbeiter noch Partner, sondern ein Umdenken. Viele Menschen im Hamsterrad machen nämlich einfach zu viel oder arbeiten zu detailliert. Ganz oft stelle ich fest, dass Selbständige sich von Tätigkeiten, die nicht direkt honoriert werden, auffressen lassen. Da wird viel in Nachbereitung gesteckt, jede E-Mail beantwortet oder ausführlich mit dem Auftraggeber telefoniert – ohne dies zu berechnen. Nicht selten verfolgen die Aufträge sogar bis in den Abend oder ins Wochenende.

Eine Designerin bekam montags um 7 Uhr den Anruf eines Kunden: „Ich brauche bis 8 Uhr A, B und C“, verlangte er. Sie sprang. Derselbe Kunde rief auch am Wochenende an. Korrekturen fielen ihm um 24 Uhr ein und am Tag kamen mindestens sieben Mails. Das ist ein typisches Phänomen: Gibt es den kleinen Finger und fehlen klare Absprachen, rollen Kunden mit ihrer breiten Anspruchshaltung zur Not bis in die Intimsphäre ihrer Auftragnehmer.

Fallbeispiel

Peter hat ein Pressebüro und einen Haupt-Auftraggeber, für den er drei Tage in der Woche arbeitet. Dieser hält ihn wie einen Angestellten und ruft nicht nur an den drei Tagen, sondern täglich an – und zwar zu jeder Uhrzeit. E-Mails kommen dauernd, auch an den nicht gebuchten Tagen. Sonderaufgaben sollen sofort erledigt werden, Rückrufe werden binnen Minuten erwartet. Obwohl Peter weitere Standbeine ausbauen möchte, kommt er nicht dazu. Er hat zwar drei voll bezahlte Tage, rotiert jedoch an fünf und manchmal auch am Wochenende.

Hier hilft nur eins: Klare Absprachen.

- Was genau wird honoriert?
- Wie oft darf korrigiert werden?
- In welchem Zeitraum bin ich als Auftragnehmer erreichbar?
- Bis wann ist mit Rückrufen zu rechnen?
- Usw.

Best Practice

Peter setzt einen Gesprächstermin an. Er sagt, dass er de facto fünf Tage im Einsatz ist, aber nur drei bezahlt bekäme. Gemeinsam mit dem Auftraggeber arbeitet er Regeln aus: Telefonate nur noch an den vereinbarten drei Tagen, Sonderaufgaben werden angekündigt und extra vergütet. Die E-Mails gehen in ein separates Fach in Outlook, das er nur bearbeitet, wenn er für den Auftraggeber im Einsatz ist.

Ganz wichtig ist: Das Wochenende ist tabu. Auch wenn Sie sonntags arbeiten, erzählen Sie es Ihren Kunden nicht, niemals! Schicken Sie eventuell am Wochenende erstellte Mails automatisiert am Montagmorgen hinaus – das geht mit Outlook. Gehen Sie samstags und sonntags sowie vor 9 Uhr und nach 18 Uhr in der Woche nicht an Ihr Telefon. Sie strahlen dadurch automatisch eine höhere Professionalität aus und schaffen Distanz. Und Sie gewinnen Zeit, sich selbst besser zu organisieren – und verlassen das Hamsterrad.

Wenn Sie sich richtig stressen wollen, dann ...	Wenn Sie mehr Zeit brauchen ...
E-Mails am Wochenende beantworten	No Mails samstags und sonntags
Außerhalb der Kernarbeitszeiten ans Telefon gehen	Klare Erreichbarkeiten von 9 bis 18 Uhr
Auf alle Bedürfnisse der Kunden eingehen	Grenzen setzen
Abwarten, wie der Auftrag sich entwickelt	Regeln formulieren
Kunden in den Privatbereich eindringen und an Ihren Problemen teilhaben lassen	Gesunde Distanz schaffen
Lauter unbezahlte Dinge tun	Alles über den Auftrag Hinausgehende berechnen

Weniger Hamster-Stress

Viele Selbständige haben den Anspruch, alle Kunden gleich zu behandeln. Das geht aber nicht. Es gibt Kunden, die sind wichtiger als andere, weil Sie einfach mehr Umsatz bringen.

Mein Grafiker, für den ich eindeutig Kleinvieh bin, hat mir das einmal klar und offen kommuniziert: „Es kann sechs Wochen dauern, bis ich dazu komme. Ich habe gerade einen Großauftrag für XY, der bringt mir viel Geld und hat von daher erst mal Priorität." Der normale Kleinkunde würde jetzt jammern und Bittebitte machen. Ich auch. „Versteh ich ja, aber mach doch mal eine Ausnahme. Ist doch nur eine kleine Sache." Mein Grafiker erwiderte: „Vielleicht schaffe ich es früher, aber ich kann es dir nicht versprechen."

Richtig so! Wenn Sie die Gelegenheit ergreifen wollten, Ihre Honorare zu optimieren, könnten Sie Eilzuschlägen einführen. Wenn es um mehr Lebensqualität geht, könnten Sie Kooperationspartner ins Boot zu holen, die die kleinen Aufträge für Sie abarbeiten. Oder aber Sie lassen Ihre kleinen Kunden wirklich warten. Gut möglich, dass diese sich nun eine andere Alternative suchen. Als ich einmal zu lange warten sollte, habe ich mich auch umgeschaut und festgestellt, dass der Markt noch andere Grafiker zu bieten hat. Seien Sie sich bewusst, dass das passieren kann. Wägen Sie andererseits aber auch das Risiko gut ab. Wenn der eine Kunde nur ein Prozent Ihres Umsatzes ausmacht, der andere aber 30 Prozent, so ist der mit dem höheren Umsatz eindeutig wichtiger.

Klar, sagen Sie, so klingt das ja ganz logisch. Aber wie bringe ich das meinem Kunden bei? Kann ich ihm sagen, dass er nicht so wichtig ist? Natürlich sind so deutlich-ehrliche Worte wie in meinem Beispiel nicht immer möglich. Wir kennen uns gut, deshalb geht das. Seien Sie einfach offen, was die Lieferzeit angeht! So einfach ist das – lassen Sie sich gerade von den kleinen Kunden nicht unter Druck setzen. Schätzen Sie SEHR realistisch ein, bis wann Sie einen Auftrag erledigen können. Rechnen Sie lieber mit etwas mehr Zeit als zu wenig. Wenn das Ergebnis früher kommt als erwartet, so wird dies den Kunden positiv stimmen, wenn es später kommt, ist das Gegenteil der Fall. Dabei spielt es fast keine Rolle, wie lang die Zeiträume sind, die Sie anbieten.

Runderneuern im Hamsterrad

Manchmal stecken Menschen im Hamsterrad, weil insgesamt etwas nicht stimmt. Es kann sein, dass Sie die falschen Aufträge haben. Ja, kein Scherz: Falsche Aufträge zeigen sich daran, dass Sie keinen oder nur mittleren Spaß an ihnen haben, überdurchschnittlich viel Aufwand reinstecken müssen und zu wenig Geld rausbekommen. Auch die Kunden sind meist nur mittel zufrieden. Ein schlechtes Zeichen ist dann gegeben, wenn Sie immer wieder für Dinge empfohlen werden, die Sie eigentlich gar nicht gern machen wollen.

Fragen Sie sich,

- wer Sie zuletzt empfohlen hat und für welches Angebot.
- Wer waren die Empfehler?
- Waren es immer dieselben Angebote?
- Oder sind Sie gar nicht für ein Angebot, sondern für Ihren günstigen Preis empfohlen worden?

Vor allem bei letzterem, aber auch bei allen anderen Punkten sollten Sie innehalten. Sie haben zwar genug Aufträge, aber die falschen. Gute Aufträge machen Ihnen Spaß und erzeugen über kurz oder lang eine überdurchschnittliche Zufriedenheit beim Kunden. Gute Aufträge ziehen Empfehlungen nach sich, die sich immer auf dasselbe oder Ähnliches beziehen, zum Beispiel auf die wahnsinnig schnellen Rechner, die Sie zusammenbauen. Gute Aufträge sind weiterhin so üppig, dass Sie genügend Geld einbringen und Ihnen ein absolutes Minimum von 35 Euro in der Stunde oder 280 Euro am Tag einbringen.

Fallbeispiel

Lennox hatte als Trainer und Dozent schon mehr als 20 verschiedene Themen bedient, von Excel bis Business-Etikette. Überall hatte er sich neu eingearbeitet. Die Einarbeitungszeit aber bezahlte niemand. Da er kein Thema perfekt beherrschte, waren die Teilnehmer zwar immer zufrieden, aber nie begeistert. Aufgrund der fehlenden Spezialisierung schließlich bekam er nur Honorare am unteren Level. Er arbeitete sich halb kaputt, kam aber finanziell auf keinen grünen Zweig.
Die Lösung liegt nah: Lennox muss sich erst einmal konzentrieren, am besten auf ein bis drei Themen. Er wird sich neue Kunden suchen und eine Zeitlang mit weniger Geld auskommen müssen, um dann besser verdienen zu können. Darüber hinaus muss er die Inhalte so einstudieren, dass er keine oder nur noch wenig Vorbereitung braucht. Diese Zeit gewinnt er für Akquise.

Eine Runderneuerung gibt es nicht zum Nulltarif. Wenn Sie sich wirklich verändern wollen, müssen Sie Einschnitte hinnehmen – eine Durststrecke auf Zeit.

Die Lektorin Hannah entschied sich, alle Aufträge, die weniger als 35 Euro brachten, fortan abzulehnen. Dadurch hatte sie vorübergehend 50 Prozent weniger Umsatz, gleichzeitig aber auch erheblich an Zeit gewonnen, die Sie für die Akquise von lukrativeren Aufträgen verwenden konnte.

Raus aus ... der Pessimisten-Falle

Das geht doch alles gar nicht.

Christoph freute sich wie ein kleiner Junge. Schon nach einem Jahr verdiente er 1.000 Euro im Monat – und das als Eventkünstler. Es motivierte ihn, dass er so viel positives Feedback bekam, und er sah, wie sich die Kassen füllten. Christa nahm ebenfalls nach einem Jahr durchschnittlich 1.000 Euro ein, doch sie betrachtete diese Summe von einer ganz anderen Warte. Schon ein Jahr selbständig und dann immer noch so wenig Geld? Das reicht doch nicht zum Leben! Anstatt sich wie Christoph zu freuen, wollte sie das Handtuch schmeißen.

Sie sehen: Erfolg ist immer eine Frage der Perspektive. Es gibt Menschen, die nach einem Jahr als Selbständige noch gar keine Einnahmen haben, sich aber über die bisherigen Akquiseerfolge und erreichten Meilensteine freuen. Andere ärgern sich, dass sich alles so lange hinzieht und verlieren den Glauben an eine positive Entwicklung.

Best Practice

Birgit hat sich neulich für neun Monate ausgeklinkt, Sabbatical. Mit ihrem Mann macht sie eine Weltreise per Schiff. Auf die Reise nimmt sie nicht mal ein Handy mit. Auch auf jede Internetverbindung verzichtet sie. Neun Monate keine Einkünfte, kein Kundenkontakt. Birgit hat alles generalstabsmäßig vorbereitet. Alle Kunden sind informiert. „Ab dem X könnt ihr mich wieder einplanen." Sie ist sicher, dass ihre Aufträge dann auch schnell wiederkommen. Wie zuvor. Eine Optimistin eben. Und wirklich: Nach dem Sabbatical kann Birgit wieder problemlos einsteigen, Experiment gelungen. Allein schon, weil ihr Vorhaben so radikal und mutig schien, hat sie niemand vergessen.

Wann haben Sie sich das letzte Mal etwas gegönnt oder waren länger im Urlaub? Lange her? Sie haben keine Zeit? Das geht nicht? Passt nie?

Ich bin vier Jahre nicht weggefahren. Ich habe mir eingebildet, dass ohne mich nichts läuft. Natürlich stimmt das nicht. Alles geht, Sie müssen nur daran glauben, dass es klappt. Und Ihr Umfeld genau informieren: Wann und wie lange werden Sie weg sein? Was bedeutet das für Ihre Aufträge? Was geschieht bei dringenden Anliegen?

Der Pessimisten-Blick hat viele Facetten. Er bestimmt, was möglich zu sein scheint und was nicht. Und er dominiert unsere Sichtweisen. Mit welcher Brille schauen Sie auf Ihre derzeitige Situation? Sehen Sie die weiße oder die schwarze Seite, die mit dem lachenden oder die mit dem weinenden Gesicht?

Falten Sie ein Blatt Papier in der Mitte. Schreiben Sie auf der einen Seite, was Sie derzeit bei sich selbst wahrnehmen. Wenn Sie dieses Kapitel lesen, nehme ich an, es sind ein paar negative Dinge. Drehen Sie das Blatt Papier jetzt um, um auf der anderen Seite eine positive Seite des negativ wahrgenommenen Aspekts zu formulieren. Um ein Beispiel zu nennen: Die negative Seite: „Die Aufträge sind so zurückgegangen, dass ich um meine Existenz fürchte." Dann formulieren Sie auf der anderen Seite: „Die derzeitige Flaute ist eine echte Chance, endlich die Kunden zu akquirieren, die ich möchte." Sie sehen: Alles eine Frage der Perspektive.

Sie können sich die positiven Sichtweisen anerziehen, indem Sie sie sich immer wieder vergegenwärtigen. Meine Kundin Petra hing sich riesige Flipchartblätter in ihr Büro, die wir gemeinsam zu diesem Zweck erstellten. Je nachdem, in welcher Phase sie sich gerade befand, stand da etwas ganz Unterschiedliches drauf. Einmal hatte sie das Gefühl, einfach kein Händchen für Geld zu haben. Es rann ihr durch die Finger, fast wie ein böser Fluch. Also schrieb sie auf das Blatt: „Ich liebe Geld und will es vermehren." Und siehe da, sie verinnerlichte das Geldverdienen und ist heute jemand, der happige Angebote macht, bei dem ihre potenziellen Kunden drei Mal kräftig schlucken, dann aber trotzdem ja sagen. Alles eine Frage der inneren Haltung. Und deshalb schauen wir uns jetzt einmal an, wie man Sie aufrichten kann.

Rücken gerade!

Ich kann das nicht so gut wie andere.

Manche sagen das offen, andere denken es heimlich. Sie versuchen zu verstecken, dass sie eigentlich glauben, die Dinge nicht so zu beherrschen wie die anderen in ihrer Branche. Verschleierungstaktiken gibt es unterschiedliche: nicht darüber reden ist eine, so tun, als ob, eine andere. Wie jemand mit einem solchen Glaubenssatz umgeht, ist im Grunde aber auch gleichgültig. Entscheidender ist die Frage, ob Sie diese Überzeugung wirklich weiter mit sich herumschleppen wollen. Jeder kann sich entwickeln – auch sein Können.

Früher habe ich an Talent geglaubt, an etwas, das gottgegeben ist. Mag sein, dass meine katholische Erziehung daran schuld ist. Der Glaube an gottgegebenes Talent war eine Entschuldigung für vieles. Wenn da kein musikalisches Talent war, brauchte ich auch kein Klavier lernen. Wenn ich sportlich eine Null bin – warum sich anstrengen. Wenn Mathe mir nicht gegeben ist, muss ich mich damit abfinden. Und so weiter. Mit fehlendem Talent kann man alles entschuldigen. Die wissenschaftlich längst belegte Wahrheit ist: Willenskraft ist die Basis für Erfolg, nicht Talent. Nur wer etwas wirklich will, wird sich in seinem Bereich verbessern. Nur wer sich selbst antreibt, wird Dinge wieder und wieder machen. Und die Wiederholung macht dann eben doch den Meister. Oft werde ich gefragt, wie ich es schaffe, so viele Bücher zu schreiben. Die Wahrheit ist: Ich übe, seitdem ich elf Jahre alt bin, und seit 20 Jahren schreibe ich richtig viel. Da wird man nicht nur immer besser, sondern auch schneller. Deshalb lasse ich ein „Kann ich nicht“ einfach nicht gelten. Es ist wie ein Bekenntnis, stehen bleiben zu wollen.

In die Knie!

Meine Stärken liegen nicht gerade in ...

So argumentieren gerne Menschen, die vermeiden möchten, sich auf bestimmte Bereiche zu konzentrieren. „Meine Stärken liegen nicht gerade im Kaufmännischen", sagte etwa Eva, die sich damit selbst das Argument liefern wollte, keine Aufträge anzunehmen, die mit Kalkulationen verbunden waren. Kann ich nicht, will ich nicht, trau ich mir nicht zu. Thilo weigerte sich, Vorträge zu halten, obwohl er im Grunde wusste, dass er damit sein Geschäft erheblich ankurbeln könnte. Kein erster Vortrag ist eine Überflieger-Leistung, mit guter Vorbereitung geht er aber zumindest solide über die Bühne – und das ist ein Anfang.

Gerade wenn Sie sich Neues erschließen müssen, um als Unternehmer besser dazustehen, sollten Sie sich vor dem Vorstoß in unbekannte Gefilde nicht scheuen. Manchmal ist das schlicht und ergreifend notwendig.

Best Practice

Hans besitzt ein Franchise-Unternehmen. Damit verdient er genügend Geld, aber die ständigen Vorgaben des Lizenzgebers ärgern ihn. Er hält vieles für überflüssig und ist überzeugt, dass der Lizenzgeber auf dem Holzweg ist. Da kommt ihm die Idee, seinen alten Beruf als Ingenieur wiederzubeleben und als Berater tätig zu werden. Doch dazu müsste er seine kommunikativen Fähigkeiten deutlich verbessern. Er hält sich für überhaupt nicht redegewandt, sondern sieht sich als Macher und Umsetzer. Dennoch entscheidet er sich, an seiner Kommunikation zu arbeiten, besucht Kurse und verfeinert die eigene Gesprächsführungskompetenz. Die ersten positiven Rückmeldungen bestärken ihn, und so entwickelt er sich langsam, aber sicher zum Profi in einem Gebiet, das er sich selbst nie zugetraut hätte.

Durchhalten!

Bestimmte Aufgaben kosten mich so viel Kraft und Zeit.

Manche Selbständige können einfach noch nicht genug, um gegenüber dem Wettbewerb erfolgreich bestehen zu können. Es fehlt ihnen an Kompetenzen in Bereichen, die gefragt sind und Geld bringen. Vielleicht versuchen sie es mit dem einen oder anderen Projekt, merken aber, dass das nicht leicht von der Hand geht, weil die Übung fehlt. Ja, bestimmte Aufträge schränken sogar die Lebensqualität ein.

Normalerweise würden Ihnen Berater sagen: Dann nehmen Sie diese einfach nicht mehr an. Ich sehe das anders. Es kann sein, dass Sie durch den Anfangsschmerz einfach durch müssen. Es kann sein, dass das nervig ist und unangenehm. Aber Sie sollten durchhalten, um Ziele zu erreichen.

Fallbeispiel

Die Lektorin Heike war es nicht gewohnt, freie Texte für PR zu verfassen, bekam aber Aufträge in dem Bereich. Die fielen ihr unheimlich schwer, killten die Wochenenden und zeitweise die Arbeitsfreude. Aber: Potenzialorientiert betrachtet waren diese Aufträge wichtig. Die Situation war so, dass Heike einfach zu wenig Geld über das Lektorat verdiente und überdurchschnittlich viel arbeiten musste, um überhaupt ein ausreichend hohes Einkommen zu erzielen, um ihr Kind zu versorgen. Die PR-Aufträge waren geeignet, das entscheidend zu verbessern: Da sie besser bezahlt werden, könnte sie mittelfristig weniger arbeiten und mehr Zeit gewinnen. Nur die ersten Monate bedeutete das Plackerei und sehr viel Selbstdisziplin, denn jeder Auftrag zog sich wie Kaugummi. Irgendwann passierte aber, was immer passiert, wenn man übt: Heike wurde besser und schneller. Ihr Tätigkeitsschwerpunkt verschob sich und auf diese Weise verbesserte sich auch ihre Lebensqualität.

Raus aus der Schuld-sind-die-anderen-Falle

Eigentlich bin ich super … verändern ist nicht nötig.

Mit etwas Glück lesen auch Schuld-sind-die-anderen-Typen mein Buch. Sie sind das sicher nicht, aber wenn Sie mal einen in einem Seminar treffen … Sie werden ihn vermutlich erkennen. Diese Selbständigen bemängeln zwar, dass ihr Business nicht so super läuft, aber die Schuld daran haben ausschließlich die anderen, meist die Kunden und der Markt. Sie weisen weit von sich, dass sie selbst etwas ändern könnten. Solche Schuld-sind-die-anderen-Typen trifft man überall, auch unter Bewerbern. Sie sagen zum Beispiel Sätze wie „Ich werde mich nicht verdrehen, nur weil das jemand von mir erwartet." Oder: „Ich bin doch kein Open-Source-Freelancer." Sie meinen: Ich will so sein, wie ich bin, und wem das nicht passt, der hat Pech gehabt. Sie nennen sich selbst authentisch, aber diese Form von Authentizität ist problematisch, weil sie den Erfolg verhindert. Im Grunde bin ich überzeugt, dass jeder Selbständige, der in einem persönlichkeitsorientierten Umfeld tätig ist davon profitiert, wenn er so ist, wie er oder sie ist. Aber: Es gibt Ausnahmen: wenn die Fähigkeit zur Selbstreflexion nicht mehr da ist, wenn Anregungen von außen nicht mehr angenommen werden, wenn der Blick nur noch negativ verstellt ist.

Fallbeispiel

So klagte ein Unternehmer aus Sachsen, der an einem meiner Kurse teilnahm, über Kunden, die immer nur billig wollten und nicht auf Qualität achteten. Er sah sich deshalb gezwungen, sein Unternehmen weiter so zu führen, wie er es tat, und seine Situation als unabänderlich darzustellen. Jede Idee von mir wies er ab. Geht nicht. Das auch nicht. Alles schon versucht. Natürlich hatte ich mir vorher seine Website und weitere Unterlagen angeschaut. Ich hatte genug gesehen, um zu wissen, dass alle seine Anstrengungen in eine falsche Richtung gelaufen sein mussten, aber auf diesem Ohr war er einfach taub. Erst als ich sagte, dass er dann ja wohl nur sein

Geschäft aufgeben könne und etwas anderes machen müsse, wenn das alles nicht änderbar sei, horchte er auf. Das ginge auch nicht. Von da an öffnete er sich für Vorschläge. Aber ihm ging es zu dem Zeitpunkt noch nicht schlecht genug, um wirklich zu handeln. So musste er erst in die Insolvenz schlittern, um zu begreifen, dass er beim Produkt querdenken musste.

Schuld-sind-die-anderen-Typen

Über notwendige Veränderungen haben wir schon gesprochen. Es gibt fast immer einen Ausweg: ein neues Angebot, die Konzentration auf das Wesentliche, kreative Marketingstrategien. Doch in begegne manchmal Menschen, die die Veränderungsnotwendigkeit nicht sehen. Manche sind auch so von sich überzeugt, dass sie Meinungen von anderen gar nicht an sich heranlassen. Kritik beleidigt sie anstatt sie zur Frage zu veranlassen: Was davon ist wirklich berechtigt? Was kann ich annehmen? Sie sehen Anregungen von außen nicht als das, was sie sind: der Versuch, ihnen zu helfen.

Ich habe in meinem Leben viele grauenvolle Webseiten gesehen, die nicht auf dem neuesten Stand der Technik waren, schlechte Texte, furchtbare Bilder und kontraproduktives Marketing enthielten. Viele der Betreiber fanden ihre Webseite aber gut. Bei Einwänden lieferten sie Argumente wie „Meinen Kunden gefällt das aber", „Das gefällt mir aber" oder „Das hat ein Profi erstellt". Dabei müssen Sie sich vor Augen halten: „Meinen Kunden gefällt das aber" heißt nichts, denn es geht hier nicht ums Gefallen, sondern ums Funktionieren. Wenn das Geschäft aber nicht so läuft, wie es sollte, muss auch das Marketing hinterfragt werden. Und Marketing hat nichts mit Gefallen zu tun. Die Frage ist vielmehr, ob eine Website ihre Funktion erfüllt. Es geht also darum, ob die Website so gestaltet ist, dass von der Startseite weitergeklickt wird oder ein Produkt auch gekauft wird. „Das gefällt mir aber" ist eine Aussage, die für Selbständige sowieso tabu sein sollte. Sie arbeiten für Ihre Kunden, also muss es darum gehen, das Angebot kundenorientiert zuzuschneiden. Der eigene Geschmack ist zudem nicht immer ein guter, das Auge der meisten nicht grafisch geschult. Nun aber alles auf „Das hat ein Profi erstellt" zu schieben, macht auch keinen Sinn. Denn unter den so genannten Experten sind viele Semiprofis. Eine Reihe von

Selbständigen überlebt mit einem Stil, der nicht kundenorientiert ist. So gibt es gerade unter Designern eine Menge, die ihren eigenen Geschmack auf alle anderen übertragen. Eine Website gleicht der anderen, sowohl technisch als auch grafisch.

Oft steckt hinter einer Schuld-sind-die-anderen-Haltung und dem entsprechenden Ablehnen von Anregungen die Angst vor Kritik. Wer Angst vor Kritik hat, möchte nichts falsch machen. Wenn jemand etwas zu seinem Geschäft oder Marketing sagt, dann fühlt er sich persönlich angegriffen. Dabei ist Kritik in Wahrheit ein Geschenk und beinhaltet die Chance, besser zu werden. Sie müssen nicht jede Kritik annehmen, aber anhören sollten sie sie.

Viele mit Schuld-sind-die-anderen-Haltung mögen auch keine Berater. Sie sagen Sätze wie „Als Chef weiß ich am besten, wie mein Geschäft zu führen ist“, auch wenn sie Millionen in den Sand setzen. Auch dahinter steckt oft die Angst vor Kritik. Jemand, der wirklich souverän ist und ein gutes Selbstbewusstsein hat, freut sich über Tipps und Anregungen. Er kann einen guten von einem schlechten Berater und passende Handlungsempfehlungen von unpassenden unterscheiden. Also, vielleicht doch mal zum Hörer greifen und Hilfe holen? Es gibt attraktive Beratungsprogramme für Selbständige. Einige davon stelle ich im Notfallkapitel vor.

Raus aus ... der Veränderungs-Falle

Ich schaffe es einfach nicht, etwas zu verändern!

Sie sehen: Bewegung ist gefragt! Alle in diesem Buch besprochenen Themen haben damit zu tun. Und Bewegung heißt Veränderung. Schön wäre es, wenn es dafür irgendwo einen Knopf gäbe, den man einfach drücken kann. Los jetzt, starte die Veränderung und wirf mir alle nötigen Schritte einfach so aus! Tja, schön wäre es, aber leider nicht realistisch. Deshalb bleiben viele Selbständige in der berühmten ersten Phase der Veränderung stecken: Das ist die Phase, in der Sie erkennen, dass etwas zu tun ist. Nach dem Großen DAS kommt das WAS (will ich eigentlich erreichen) und dann ein riesiges WIE, ein Berg von einem WIE vielleicht sogar. Das WAS definieren Sie am besten schriftlich in einem schlagkräftigen kleinen Satz. Der kann lauten: „Ich möchte das neue Produkt XY einführen" oder „Ich möchte mein Honorar um 20 Prozent steigern" oder auch „Ich möchte sechs Stunden am Tag arbeiten und Freitag frei haben". Nicht mehr bitte. Nehmen Sie sich lieber Teilziele vor, wenn Sie Dinge wie „Ich möchte das weltweit größte Portal für Riesen über zwei Meter im Internet aufbauen" auf Ihren Zettel schreiben. Das ist schon eine Vision. Die ist für viele von uns wichtig, aber einfach eine Nummer zu groß. Visionen haben etwas von „Schön zum Träumen, aber erreiche ich doch nie". Deshalb schauen Sie lieber von hier zu einem Ufer, das Sie bereits deutlich erkennen können. Ein Ufer, an das Sie einfach schwimmen oder das Sie mit einem simplen Boot erreichen können. Das WIE ist dann die nächste Frage. Müssen Sie ein Floß bauen? Welche Maßnahmen und Aktivitäten sind nötig? Gestalten Sie Ihren Plan so kleinteilig wie möglich. Vereinbaren Sie mit sich selbst Monats-, Wochen- und Tagesziele. Eine Checkliste für die daily jobs hilft Ihnen, auch den jeweiligen Tag in den Griff zu bekommen – und nimmt Ihnen das Gefühl, wieder mal nichts geschafft zu haben.

Best Practice

Inga ist Internetportal-Besitzerin mit einer klaren Vision. Sie weiß genau, was sie will. Trotzdem kommt sie keinen Schritt weiter. Sie verheddert sich in Kleinkram und Aktionismus. Nach anderthalb Jahren hat das Portal kaum 3.000 Visits und 60.000 Pageviews. Das ist nicht schlecht, reicht aber bei Weitem nicht, um das Überleben durch Werbeeinnahmen, Workshops und über Partnerprogramme zu sichern. Im Grunde weiß sie genau, dass es an ihr liegt und woran: Es fehlt die Systematik und es fehlt Sparring, also eine Person, der sie Bericht darüber erstattet, was sie gemacht hat, und die kreative Anregungen gibt. Jemand, der sagt, wenn er glaubt, dass etwas falsch läuft, und wichtige Hinweise gibt. Diese Person wurde ich. Vor allem aber fehlte ein Ufer, das der Vision, das größte und beste Portal seiner Art zu werden, eine realistische Kante gab. Zunächst einmal war diese Kante die regelmäßige Inhaltslieferung nach dem Motto: jeden Tag, jede Woche, jeden Monat etwas Neues. So brachten wir Struktur in den ersten wichtigen Baustein – regelmäßige Inhaltslieferung –, bevor wir uns daran machten, uns um wiederkehrende Inhalte der Seite zu kümmern.

3. Notfallkasten

Was tun, wenn ...? Wie funktioniert ...? Das letzte Kapitel ist zum Stöbern gedacht – wenn mal Not am Mann oder der Frau ist. Ich habe jene Fallen zusammengestellt, die mir in meiner Arbeit am häufigsten begegnet sind – und freue mich, wenn Sie hier Ihre Antwort finden.

Hilfe, ich bin vielleicht scheinselbständig!

Otto arbeitet in einer Fotoredaktion. Er muss morgens um 9 Uhr da sein und kommt kaum vor 18 Uhr nach Hause. Ganz so wie die angestellten Kollegen. An Redaktionssitzungen nimmt er teil, außerdem hat er eine ganz normale E-Mail-Adresse – wie die angestellten Mitarbeiter auch. Nur das Geld fließt bei ihm nicht so zuverlässig. So kann es passieren, dass er mal einige Wochen durcharbeitet, weil man ihn so dringend braucht, und er dann wieder längere Zeit pausieren muss. Das macht es sehr unberechenbar für ihn. Aber handelt es sich tatsächlich um Scheinselbständigkeit? Er macht sich Sorgen.

Die Antwort ist schwierig, denn eindeutige Kriterien für Scheinselbständigkeit – eine Selbständigkeit, die in Wahrheit ein Angestelltenverhältnis ist – gibt es in keinem der drei Länder Deutschland, Österreich und Schweiz. Ob es sich darum handelt, ist Auslegungssache, eine Fall-zu-Fall-Entscheidung.

Dennoch: Für Otto ist Scheinselbständigkeit nicht „schlimm", er macht sich damit nicht strafbar. Das Negativste, das ihm passieren kann, wenn er „erwischt" wird, ist, dass er Umsatzsteuer zurückzahlen muss, die er berechnet oder über die Vorsteuer vom Finanzamt zurückbekommen hat. Nein, bei enttarnter Scheinselbständigkeit liegt das Problem eher bei den Unternehmen, oft Verlagen oder Agenturen: Diese müssen in Deutschland für sieben Jahre Sozialversicherungsbeiträge nachbezahlen, wenn man ihnen auf die Schliche kommt. Wenn ... denn wo kein Kläger, da normalerweise auch kein „Prüfer". Solche Prüfer müssten Sie erst einmal über die Clearingstelle der Deutschen Versicherungsanstalt Bund auf den Plan rufen.

Und das sollten Sie nur dann tun, wenn Sie auch wirklich wollen, dass Sie als scheinselbständig und damit in Wahrheit angestellt identifiziert werden. Das kann im Einzelfall Sinn machen, denn dadurch erhalten Sie Anspruch auf Arbeitslosengeld und einen normalen Kündigungsschutz. Aber mit dem Auftraggeber, der dann zum Arbeitgeber mutiert, verscherzen sie es sich ganz sicher. Macht aber auch nichts, wenn die Pluspunkte überwiegen.

Ach ja, an dieser Stelle muss ich noch ein paar Sätze über ein sehr deutsches Thema verlieren: die Angestelltenähnlichkeit. Das ist etwas anderes als Scheinselbständigkeit und bedeutet, dass Sie im Wesentlichen nur für einen Auftraggeber tätig sind. Sehr verbreitet etwa bei Fernsehsendern. Und im Unterschied zur Scheinselbständigkeit legal. Nur, dass dadurch Rentenversicherungspflicht ausgelöst wird. Kein Problem, wenn Sie in der Künstlersozialkasse versichert sind und die Beiträge ohnehin zahlen müssen. Ärgerlich dagegen für andere Bereiche wie etwa die IT. Vermeiden Sie deshalb, mehr als ein Jahr für nur einen Auftraggeber tätig zu sein. Faustregel: Mindestens ein Sechstel Einkünfte aus anderen Quellen macht Sie frei – von der Rentenversicherungspflicht.

Doch auch wenn Sie durch meine Worte erst mal aus der Falle gerettet und lustig weiter scheinselbständig sein können und wollen, hebe ich mahnend den Zeigefinger: Ein Dauerzustand ist das nicht. Ottos Form der (Schein-)Selbständigkeit ist nicht ideal. Setzen Sie niemals dauerhaft auf nur einen Auftraggeber! Das Beste ist, Ihre Last auf fünf Schultern à 20 Prozent zu verteilen. Wenn Sie dann eine mal nicht mehr trägt, können Sie trotzdem weiter überleben. Weder angestelltenähnlich noch scheinselbständig sind Ideallösungen, sondern nur zum Übergang geeignet.

Arbeitnehmerähnlich vs. scheinselbständig

	Arbeitnehmerähnlich	Scheinselbständig
Nur ein Auftraggeber, der mehr als fünf Sechstel des Einkommens ausmacht	X	(Zahl der Auftraggeber unerheblich, es geht um die Tätigkeit)
Weisungsgebunden und eingebunden in Organisation		X
Rentenversicherungspflichtig	X	X
Sozialversicherungspflichtig (Arbeitslosenversicherung etc.)		X
Nachweis über Clearingstelle Deutsche Rentenversicherung Bund	X	X

Hilfe, ich brauche einen Teilzeitjob!

Wenn nicht schnell genug Geld in die Kassen kommt, kann das eine klasse Lösung sein: ein 20-Stunden-Job, der hilft, laufende Kosten zu decken, jedoch genügend Raum lässt, Ihre Selbständigkeit auf- und auszubauen. Mit einem Teilzeitjob können Sie selbständig bleiben. Oft ist diese Kombi selbständig+angestellt sogar ein Vorteil. Wenn das Teilzeitgehalt höher liegt als das der Selbständigkeit, gilt der Teilzeitjob als Schwerpunkt – und es fallen keine zusätzlichen Krankenkassenbeiträge an. Rentenversicherungspflichtig sind Sie mit der Selbständigkeit ja üblicherweise sowieso nicht. Ausnahme: Dozenten, Lehrer, Journalisten. Und wenn Sie mögen, können Sie sich obendrein sogar noch einen Minijob gönnen – der ist dann steuerfrei. Das heißt, 400 Euro gibt es netto für brutto.

Beispiel: Sie bekommen 1.500 Euro brutto aus einer 20 Stunden-Tätigkeit und 400 Euro aus einem Minijob. 1.000 Euro verdienen Sie als Webdesigner dazu. Auf die 1.000 Euro fallen keine weiteren Krankenkassenbeiträge an, wenn Sie gesetzlich versichert sind (privat spielt die Einkommenshöhe ohnehin keine Rolle). 400 Euro bekommen Sie einfach so steuerfrei dazu.

Bedrohungsposten

Ich habe Post vom Rechtsanwalt bekommen.

Meist handelt es sich dabei um eine Abmahnung. Oft kommen diese Dinge unerwartet. So wie bei mir. Ich hatte ahnungslos einen Presseartikel als PDF auf meine Website gestellt. Da war leider ein Foto drauf, das zwar für die entsprechende Zeitung, nicht aber für die Nutzung auf meiner Website im Internet eingekauft war. Ich musste also kräftig nachzahlen.

Viele Fotoagenturen verdienen ihr Geld, indem Sie Sünder wie mich ausfindig machen. Sie setzen darauf, dass viele nicht wissen, was sie dürfen und was nicht. Jetzt wissen Sie, was bezogen auf die Bildnutzung im Internet wichtig ist: niemals Presseartikel im Komplettlayout einstellen! Erlaubt ist der Link auf die entsprechende Website, auf der der Beitrag erschienen ist. Wenn Sie den Text selbst geschrieben haben, dürfen Sie diesen auch als Nur-Text zur Verfügung stellen. Andernfalls geht auch das nicht, da die Urheberrechte des Autors ebenso wie Bildrechte nur an das Medium übergehen, das den Autor auch direkt bezahlt, die Rechte also eingekauft hat. Im Zweifel müssen Sie sich auf ein bescheidenes „erschienen in XY am ABC" beschränken. Grundsätzlich gilt nicht erst seit Theodor von Guttenberg: Fremde Texte und Bilder dürfen Sie nicht übernehmen. Erlaubt ist allenfalls ein Zitat.

Ein weiterer häufiger Grund für Abmahnungen sind lückenhafte Impressen. Da fehlt dann die Steuernummer, außerdem die Angabe der Betriebs- oder Berufshaftpflichtversicherung – die seit Kurzem zwingend ins Impressum gehört. Sofern sie besteht, was empfehlenswert ist, aber kein Muss. Informieren Sie sich über das, was ins Impressum gehört, beispielsweise bei www.juracity.de, das schützt vor „blauen" Briefen.

Auch nicht selten kommt es vor, dass ein Auftraggeber Sie für einen ihm entstandenen Schaden haftbar machen möchte. Deshalb klären Sie relevante Themen am besten vorher im Auftrag bzw. in eigenen Allgemeinen Geschäftsbedingungen. Bei einem Designer kann es etwa wichtig sein, festzulegen, wer die Zeche zahlt, wenn in der Druckerei etwas schiefläuft. Informieren Sie sich über die jeweiligen Berufsverbände und treffen Sie branchenübliche Regelungen.

Wenn Sie in einem Business tätig sind, in dem leicht etwas schiefgehen kann, für das man Sie dann verantwortlich macht, empfiehlt sich eine betriebliche Rechtsschutzversicherung. Die kostet meist ein paar hundert Euro im Jahr, rentiert sich aber schnell, wenn Sie bedenken, dass gute Anwälte einen Stundensatz von 250 Euro und mehr verlangen. Auch hier hat mich die eigene Erfahrung gelehrt: Denke nie, dir passiert das nicht. Denn wenn doch, ist allein ein Anwaltsschreiben zu einem komplexen Sachverhalt schnell mal 1.000 Euro „schwer".

Bedenken Sie aber, dass Sie mit dem Anwalt individuelle Vereinbarungen treffen können, etwa die, bis zu welchem Honorar er tätig sein darf, oder die Zahlung einer Pauschalsumme für die Erstberatung.

Ich habe Mist gebaut.

Wer ohne Fehler ist, werfe den ersten Stein. Jeder baut mal Mist. Zum Beispiel mehr oder weniger gedankenloser Missbrauch von Fördergeldern. Heinz ist Berater, bietet aber auch Dienstleistungen an, wie das Design von Webseiten. Er rechnet seine Dienstleistung als geförderte Beratung ab – und hat überraschend eine Anzeige am Hals, weil jemand davon Wind bekommen hat. Plötzlich wird ihm die Relevanz seines Tuns klar, denn das Thema hat strafrechtlichen Bezug. Es droht also nicht nur eine Sperre in der Beraterdatenbank, sondern auch eine juristische Verfolgung.

Mist kann ganz unterschiedlich aussehen. In meinen elf Jahren Tätigkeit habe ich eine Menge erlebt – und eine ganz klare Lehre daraus gezogen: Machen Sie alles, was Sie tun, wasserdicht. Lassen Sie sich nicht auf Deals ein und auch nicht auf Schwarzgeldzahlungen. Das mag in Ihrer Branche und bei Ihren Mitbewerbern noch so verbreitet sein – es handelt sich hierbei um kein Kavaliersdelikt. Auch ich bekam mehr als einmal das Angebot, doch einfach den Nettobetrag ohne Mehrwertsteuer zu kassieren. Einmal kam sogar ein Kunde mit Bargeld in der Tasche; er meinte es gut. Ich habe das Geld zurückgewiesen und gesagt: „nur per Überweisung".

Ein entfernter Bekannter hat einmal auf seinem Balkon leichtfertig über seine Bareinnahmen als Eventmanager berichtet. Einige Wochen später hatte er die Steuerfahndung am Hals. Deshalb gibt es drei Regeln:

- Machen Sie nichts Halbseidenes.
- Sprechen Sie nicht über Interna.
- Hinterlassen Sie erst recht nie etwas Schriftliches zu nicht ganz eindeutigen geschäftskritischen Vorgängen.

Ich habe eine Betriebsprüfung.

Meine erste Betriebsprüfung kam nach sechs Jahren. Ich konnte gerade noch abwenden, dass sich der Prüfer in mein Büro setzte. Mein Steuerberater hatte auch keinen Platz. Also fand die Prüfung vor Ort im Finanzamt statt. Dafür mussten körbeweise Ordner dorthin befördert werden. Der Rest war nicht schlimm, weil in den Unterlagen fast alles stimmte. Mein Steuerberater hat bewusst ein paar Fehler gelassen – sein Argument: Je eher die was finden, desto weniger gucken sie in die Tiefe. Und in der Tat interessierten die Prüfer bei meiner Art des Business vor allem drei Dinge: Mehrwertsteuersätze (da ich auch ermäßigte und befreite Sätze habe), größere Rechnungen und das Fahrtenbuch.

Rechnen Sie immer mit einer Prüfung, da jeder Steuerbescheid eines Selbständigen vorläufig ist und stets vorbehaltlich weiterer Prüfung ausfällt. Die Prüfungswahrscheinlichkeit steigt, wenn Sie sehr große Sprünge in Umsatz und Gewinn machen, ob nach unten oder oben. Auch größere Geldbewegungen oder verdächtige Nachfragen Ihrerseits können Prüfungen auslösen. Dazu kommt das Losverfahren, durch das es jeden treffen kann. Findet eine Prüfung statt, dann normalerweise für drei zurückliegende Jahre. Üblicherweise beginnt sie – von hinten – mit dem letzten abgeschlossenen Jahr. Fördert diese Prüfung Verdächtiges zutage, das nahelegt, dass auch zuvor schon einiges schiefgegangen ist, kann auch der davor liegende Zeitraum ins Visier genommen werden. Die Folge einer Betriebsprüfung sind korrigierte und dieses Mal endgültige Steuerbescheide.

Prüfungen können sich übrigens nicht nur auf die Einkommens- und Umsatzsteuer beziehen, sondern auch auf die Sozialversicherungen und die Künstlersozialabgabe. Sozialversicherungsprüfungen haben zum Ziel, herauszufinden, ob Sie alle Abgaben ordnungsgemäß abführen und keine Scheinselbständigen beschäftigen. Falls doch, kann Sie das teuer zu stehen kommen. Wer Selbständige wie Angestellte „führt“, handelt illegal und muss alle Beiträge nachträglich entrichten.

Die Künstlersozialkasse (KSK) ist eine Division der Deutschen Rentenversicherung Bund. Ihre Aufgabe ist es, Beiträge für Künstler einzutreiben, damit diese über die KSK sicher renten- und krankenversichert werden können. Jeder Designer, Webdesigner, Texter, Journalist, den Sie beauftragen, kostet Sie somit zwischen drei und vier Prozent auf die Rechnungssumme obendrauf. Wenn sich die KSK nicht bei Ihnen meldet, sollten Sie Kontakt aufnehmen, andernfalls kommen irgendwann Nachzahlungen (www.kuenstlersozialkasse.de).

Einen sicheren Schutz vor solchen Zahlungen haben Sie nur, wenn Sie für Ihre kreativen Jobs eine GmbH beauftragen. Andererseits: Diese ist üblicherweise deutlich teurer als ein einzelner Freiberufler. Unterm Strich rechnet sich das Engagement eines „Einzelkämpfers" deshalb meistens mehr.

Beratungsberge

Ich brauche dringend Beratung, aber die ist so teuer!

Oft frage ich mich, warum Menschen kein Problem damit haben, 200 Euro für eine Jeans auszugeben, bei 200 Euro für Beratung oder Coaching aber schlucken. Dabei können schon ein bis zwei Stunden kritische Analyse eine Menge bringen und die Basis für wichtige Veränderungen legen. Ich habe neulich nach drei Jahren von einem Trainer eine Mail erhalten, der zwei Mal je anderthalb Stunden bei mir war. Die Vorschläge von damals habe er alle umgesetzt und dadurch seine Umsätze stabilisieren und verbessern können. Das heißt: Beratung wirkt, kurz- mittel- und langfristig. Aber: Wichtig ist es, einen guten Berater zu finden, am besten jemanden mit Branchenerfahrung. Und natürlich ist jemand, der schon lange in dieser Funktion tätig ist, viel erfahrener – was sich ebenfalls positiv auf die Beratung auswirkt.

Selbständige bekommen gerade in Deutschland sehr viel Unterstützung vom Staat. Da gibt es seit einigen Jahren das KFW-Gründercoaching für Gründer in den ersten fünf Jahren ihrer Selbständigkeit; das Geld kommt aus dem Europäischen Sozialfonds ESF. Der Staat fördert damit Beratungen im Wert von bis zu 6.000 Euro, indem er 50 bis 90 Prozent der Kosten übernimmt. Die Beratung führen akkreditierte Coachs durch, die Sie in einer entsprechenden Datenbank im Internet finden. Die Autorin dieses Buchs gehört auch dazu und ist gern Ansprechpartnerin, wenn Sie aus der Medien-, IT-, Internet- oder Trainer-/Coachbranche kommen.

Wer schon länger selbständig ist, profitiert von einem Programm des Bundesamts für Außenwirtschaft, Bafa genannt (www.bafa.de). Hier werden allgemeine Unternehmensberatungen gefördert. Anders als bei der KFW, die den Coach auch direkt bezahlen kann, müssen Sie hier jedoch in Vorleistung gehen und können sich das Geld später zurückholen. Darüber hinaus gibt es, auch in Österreich und der Schweiz, regionale Programme, die Unternehmensberatungen fördern. Teilweise ist dies auf bestimmte Situationen, etwa auf Krisen, beschränkt. Informieren Sie sich in Ihrer Region über entsprechende Programme. Erster Ansprechpartner ist dabei die regionale Wirtschaftsförderung.

Programm	Kurzbeschreibung	Informationen
KFW Gründungscoaching aus der Arbeitslosigkeit	Beantragende von Gründungszuschuss oder Einstiegsgeld erhalten 90 % von bis zu 4.000 Euro. Sie müssen einen akkreditierten Coach aus der Datenbank wählen.	www.kfw.de und www.karriereundentwicklung.de/kfw-gruendungscoaching.pdf
KFW Gründungscoaching erste 5 Jahre	Für alle Selbständigen. Sofern diese noch nicht das Beratungsgeld für Gründungen aus der Arbeitslosigkeit in Anspruch genommen haben, stehen ihnen 6.000 Euro zu, andernfalls 2.000.	www.kfw.de und www.karriereundentwicklung.de/kfw-gruendungscoaching.pdf
BAFA Allgemeine und spezielle Unternehmensberatungen	Hier stehen kleinen Unternehmen bis 200 Mitarbeitern maximal 6.000 Euro zur Verfügung und zwar für allgemeine und spezielle Beratungen (z.B. für Unternehmerinnen und Migrantinnen) jeweils 3.000. Der Zuschuss beträgt 50 bis 75 % (Lüneburg und neue Bundesländer). Der Unternehmensberater kann frei gewählt werden.	http://www.bafa.de

Programm	Kurzbeschreibung	Informationen
Hamburger Beratershop	Bis zu zehn Beratertage für kleine und mittelständische Unternehmen werden mit 60 % des Beraterhonorars (maximal 1.300 Euro/Tag) gefördert. Der Berater muss sich für den Beratershop qualifizieren.	www.hamburgerberatershop.de
WiFI Wien	75 % Förderung in den ersten drei Jahren der Gründung. Dabei gilt ein Beraterhonorar von 74 Euro netto/Stunde, nach den ersten drei Jahren 50 %, pro Jahr bis zu 48 Stunden. IT-Unternehmen werden nicht gefördert, Berater werden vermittelt.	www.wifiwien.at

Als Bürger der Schweiz informieren Sie sich bitte bei der Wirtschaftsförderung der einzelnen Kantone über Möglichkeiten der Bezuschussung.

Erfolgstäler

Ich bin einfach nicht erfolgreich.

Hans hat sich jahrelang nicht weiterentwickelt und hängt mit seinem Wissen der Konkurrenz fünf Jahre hinterher. Petra ist so perfektionistisch, dass sie fünf Mal mehr Arbeit in einen Auftrag steckt, als sie berechnen kann. Die Ursachen von Erfolglosigkeit sind ganz unterschiedlich. Oft kommt mehreres zusammen. Auf die Spur kommen Sie dem Übel durch systematisches Controlling:

- Honorarschnitt: Liegen Ihre Honorare im Branchenvergleich mindestens im Mittel oder im oberen Segment?
- Innovationsgrad: Wissen Sie, was Ihre Kunden wünschen und welche Dienstleistungen sie sonst noch gern hätten? Bieten Sie Ihren Kunden mindestens einmal im Jahr ein neues Produkt oder

eine neue Dienstleistung an? Verändern Sie Ihr Produkt entsprechend der Kundenwünsche?

- Kommunikationskompetenz: Bringen Sie sich bei Ihren vorhandenen Kunden mindestens vier Mal pro Jahr in Erinnerung? Wie? Informieren Sie Ihre Kunden regelmäßig über neue Angebote?
- Kooperationspartner-Empfehlungsquote: Haben Sie Kooperationspartner, die Sie aktiv empfehlen?
- Kunden-Empfehlungsquote: Wie viel Prozent Ihrer Kunden empfehlen Sie von sich aus weiter?
- Ladenhüterquote: Welche Produkte sind Ihre Schlechtläufer? Welche Angebote bringen den geringsten Umsatz und/oder Gewinn beim höchsten Zeiteinsatz? Weg damit!
- Marketingkompetenz: Betreiben Sie systematische Kundenneugewinnung (Kaltakquise, Mailings, Networking etc.)? Betreiben Sie systematisches Empfehlungsmanagement (z.B. Kunde bekommt für die Empfehlung ein Dankeschön in Form von Geschenk oder Prozenten)?
- Positive Kundenbilanz: Wie viele Kunden kommen jährlich NEU dazu? Und wie viele Stammkunden gehen weg? Kommen mehr als gehen?
- Profilschärfe: Was können/wissen/leisten Sie im Vergleich zu Ihren Wettbewerbern? Wovon besitzen die anderen mehr als Sie? Vergleichen Sie jährlich und entwickeln Sie Ihr Wissen, so dass es konkurrenzfähig bleibt.
- Stammkundenquote: Wie viel Prozent der Kunden werden Stammkunden? Wie viele sind es? Wie viele verlieren Sie?
- USP-Stärke: Haben Sie ein Alleinstellungsmerkmal, auch Unique Selling Proposition (USP) genannt? Wie stark ist es? Wie wichtig ist es aus Kundensicht? Was können Sie tun, um ein klareres Merkmal herauszuarbeiten, wenn Sie keinen starken „USP" haben?
- Werbeerfolgsquotenrechnung: Wie viel investieren Sie monatlich in Werbung? Welche Werbung? Wie viel kommt pro investiertem Euro zurück?

- Zahlungsausfallquote: Wie viele Rechnungen wurden im letzten Jahr nicht bezahlt? Liegt der Schnitt unter zehn Prozent? Falls er höher liegt – was ist der Grund?

Finanzlöcher

Mist, ich hab derzeit einfach keine Einnahmen!

Okay, dann schauen wir mal. Haben Sie vielleicht noch Anspruch auf Arbeitslosengeld I? Das könnte der Fall sein, wenn Sie ohne Gründungszuschuss in die Selbständigkeit gestartet sind und Ihre letzte mehr als zwölf Monate währende sozialversicherungspflichtige Tätigkeit nicht länger als vier Jahre zurückliegt. Top, wenn Sie damals Ihren Anspruch nicht ganz aufgebraucht haben. Dann nutzen Sie ihn jetzt – es geht! Möglicherweise haben Sie sich im Rahmen Ihrer Beantragung von Gründungszuschuss auch für das Arbeitslosengeld für Selbständige entschieden: Dann können Sie dieses jetzt auch für maximal zwölf Monate bekommen.

Sieht schlecht aus? Dann machen Sie mal einen Kassensturz. Sollten Sie weniger als 200 Euro pro Lebensjahr, maximal 13.000 Euro, zurückgelegt haben, sieht es gut aus: Dann könnten Sie in Deutschland aufstockendes Arbeitslosengeld II beantragen. Das ist so eine Art Hartz IV für Selbständige, bei denen es grad mal nicht reicht. Das „Amt" übernimmt dann Ihre Sozialbeiträge und überweist Ihnen das, was zum Leben fehlt – selbstverständlich nur innerhalb dessen, was Sie wirklich brauchen, da gibt es wie bei den anderen „Hartzern" Bemessungsgrenzen.

Für Selbständige ist es sehr beruhigend zu wissen, dass der Staat sie im Notfall auffängt. Aufstockendes Arbeitslosengeld II erhalten Bürger, sofern sie – wie der Gesetzestext wenig charmant ausdrückt – „hilfebedürftig" sind. Sie bekommen dann einen Zuschuss zum Lebensunterhalt – so lange, bis es besser läuft. Hilfebedürftig ist laut ARGE oder Jobcenter – so heißen die dafür zuständigen Stellen in vielen Regionen

–, wer seinen Lebensunterhalt nicht aus eigenen Kräften sichern kann und der nicht von Angehörigen die erforderliche Hilfe erhält. Haben Sie in Ihrem Ort kein Jobcenter, ermitteln Sie, wer der für Sie zuständige Ansprechpartner ist, am besten durch einen Anruf bei der örtlichen Bundesagentur für Arbeit.

Mitunter heißt das übrigens nicht, dass Sie Ihr Vermögen antasten oder direkt auflösen müssen. Auch wenn Sie ein Haus besitzen oder 100.000 Euro fest angelegt sind, so dass sie nicht sofort darüber verfügen können, springt der Staat vielleicht ein. In diesen Fällen allerdings nur mit einem Darlehen, aber auch das ist ja schon ganz schön hilfreich.

Einen Haken gibt es: Leben Sie mit jemandem zusammen oder sind Sie verheiratet, muss dieser seine eigenen Taschen umdrehen – sein oder ihr Einkommen wird mitberechnet.

Ob Sie aufstockendes Arbeitslosengeld II erhalten können, entscheidet ein kompliziertes Rechenmodell. Im ersten Schritt müssen Sie im Voraus Ihr Einkommen schätzen. Dazu und erst recht im Nachhinein, wenn es darum geht, die Schätzung zu belegen, werfen Sie erst einmal alle Einnahmen aus selbständiger Tätigkeit, aber auch aus anderen Quellen in einen Topf. Diese Summe verteilen Sie dann auf zwölf Monate, wobei Sie größere Einmalzahlungen gerecht auf die Monate aufteilen.

Entscheidend ist dabei, wann das Geld auf Ihrem Konto eingegangen ist: Die Tantieme für ein lange vor dem Antrag erschienenes Buch, die dem Konto des Autors erst sehr viel später gutgeschrieben wird, kommt in einen Topf mit der Steuerrückzahlung, falls Sie Geld zurückbekommen. Auch das Kindergeld ist Geld, das als Einnahme zählt. Konsequenz daraus: Treiben Sie vorhandene Außenstände vor dem Antrag ein.

Ihre Einkünfte können monatlich differieren – dann wird das Einkommen geschätzt und als Durchschnittswert umgelegt. Die ALG-II-Genehmigung wird in diesem Fall vorläufig und vorbehaltlich der Nachberechnung erteilt, sobald die Steuererklärung für den betreffenden Zeitraum vorliegt. Erst wenn ungeplant höhere Summen eingehen als in der Schätzung angegeben, müssen Sie das Jobcenter unterrichten.

Ich will das Arbeitslosengeld ausschöpfen.

Schauspieler tun es, freie Lehrer und viele andere Berufsgruppen auch: So lange noch Anspruch auf Arbeitslosengeld I besteht, kann man diesen verlängern, indem man freie und arbeitslose Zeiten sich abwechseln lässt. Henri ist Schauspieler und im Juli arbeitslos geworden, der Sommer ist in seiner Branche immer ein wenig flau. Zum 1. August erhält er jedoch einen Auftrag, zwei Wochen Fotoshooting auf Honolulu. Das bringt 15.000 Euro. Henri hat dieses Buch gelesen: Er meldet sich zum 31. Juli aus dem Bezug ab und am 16. August wieder an. So kann er das ganze schöne Geld behalten und muss es nicht mit der Bundesagentur verrechnen, die ihm aus nebenberuflicher Selbständigkeit nur einen Gewinn von 165 Euro lassen würde. Und zwar ganz legal. Sehen Sie allerdings zu, dass das verdiente Geld dann auch innerhalb der abgemeldeten Tage Ihrem Konto gutgeschrieben wird, damit es keine Missverständnisse gibt. Und das Schönste: Henri muss sich für diese zwei Wochen nicht mal krankenversichern, denn hier gilt eine Nachversicherung von bis zu vier Wochen. Erst wenn Henri länger pausieren würde, müsste er sich darum kümmern.

Übrigens: Wenn Sie Arbeitslosengeld für Selbständige beziehen, dürfen Sie sich nur zweimal an- und wieder abmelden. Hier gelten andere Regeln. Gleich bleibt jedoch, dass Sie nicht mehr als 165 Euro verdienen dürfen.

Ich will nicht aus der KSK fliegen, wenn ich „ALG II“ beantrage.

Viele Freiberufler in kreativen Berufen machen sich Sorgen: Was passiert, wenn ich mich arbeitslos melde, mit der Künstlersozialkasse (KSK)? Meist ist das kein Grund für schlaflose Nächte, denn zeitweise Arbeitslosigkeit und KSK-Versicherung sind gute Partner. Carla ist als Designerin KSK-versichert. Nun bricht ein fester Auftraggeber weg und ihre Einnahmen sinken auf kaum 500 Euro im Monat. Das reicht nicht zum Leben, also beantragt sie aufstockendes Hartz IV. Da es sich hier um einen zeitweisen Bezug von aufstockendem Arbeitslosengeld II handelt, kann sie die KSK-Versicherung problemlos aufrechterhalten. Lediglich der volle Bezug von ALG II schließt die KSK-Mitgliedschaft aus – schließlich ist diese auf Dauer angelegt und setzt auch Mindestumsätze in Höhe von 3.900 Euro voraus.

Hilfe, ich muss Unterhalt zahlen (oder welchen bekommen).

Jaja, da gibt es immer wieder die üblichen Verdächtigen, die sich angeblich arm rechnen. Klar ist, dass diesbezüglich bei Selbständigen ein größerer Gestaltungsspielraum besteht als bei Angestellten. Trotzdem gibt es Grenzen: Das unterhaltsberechtigte Kind oder der unterhaltsberechtigte Ehegatte soll nicht dadurch benachteiligt oder ungerechtfertigt bevorzugt werden, weil es zufälligerweise im Vorjahr zu hohen Gewinnen/Verlusten kam. Aus diesem Grund rechnet man ein mehrjähriges Durchschnittseinkommen des Unterhaltsverpflichteten aus. Als Betrachtungszeitraum wird dabei normalerweise das Einkommen der letzten drei Jahre herangezogen.

Dabei kann das steuerlich relevante Einkommen deutlich vom unterhaltsrelevanten Einkommen abweichen. Ein aktuelles Urteil des Oberlandesgerichts Celle zeigt das (OlG Celle Urt. v. 15.03.2006, Az 15 UF 54/05 in NJW 2006, 1356). Im entschiedenen Fall verfügte die unterhaltsberechtigte Ehefrau über Einkünfte aus selbständiger Tätigkeit. Sie erwirtschaftete einen steuerlich relevanten Verlust von 40,96 Euro. Nachdem nun aber das Gericht die nur steuerlich zu berücksichtigenden Raumkosten für das Arbeitszimmer sowie steuerliche Abschreibungen auf das betriebliche Fahrzeug und sogenannte Verpflegungsmehraufwendungen abzog, ergab sich ein unterhaltsrelevantes Einkommen von immerhin 6.096 Euro. Dieses Urteil lässt sich umdrehen. Dann gilt es auch für den Unterhaltsverpflichteten. Lassen Sie sich von Ihrem Steuerberater in die Details einweihen, wenn Sie betroffen sind.

Ich bin pleite (und habe Schulden).

Nehmen wir an, Sie haben wie Hans nicht nur kein Geld mehr, sondern auch noch 100.000 Euro Schulden. Die häufen sich schnell an, wenn zum Beispiel die eigenen Auftraggeber zahlungsunfähig sind oder die Umsatzeinbrüche bei laufenden Kosten groß sind. Sind Sie wie Hans nicht Inhaber einer GmbH, sondern einer Personengesellschaft, haften Sie mit Ihrem gesamten Vermögen. Haus und Hof gehen dann an Ihre Gläubiger. Hans hatte weder Haus noch Hof, ihm blieb nur der Weg in die Insolvenz (den GmbH-Besitzer gehen müssen, sobald sich Zahlungsunfähigkeit auch nur entfernt andeutet). Nun ist Hans schon 50 Jahre alt, und sechs Jahre insolvent zu sein, käme dem Gang zum Jobcenter für den Rest des Berufslebens gleich. Danach noch mal durchstarten? Unwahrscheinlich. Für Fälle wie ihn lockt das Stichwort Insolvenzflucht nach Großbritannien. Dort können sich Privatpersonen in einem Jahr bis zu 18 Monaten von ihren Schulden befreien lassen – ja, befreien, also anders als in Deutschland, wo es nur eine Stundung gibt. Voraussetzung ist, dass Hans mindestens sechs Monate in England gelebt hat. Um diese Dinge kümmern sich deutsche Anwälte, die preiswerte Wohnungen beschaffen und auch sonst alles regeln. Das kostet dann um die 10.000 Euro, und damit etwa doppelt so viel wie ein deutsches Insolvenzverfahren – bei größeren Schulden trotzdem lohnenswert. Geben Sie einfach bei Google Insolvenz + Großbritannien ein, und Sie finden zahlreiche Links zu spezialisierten Kanzleien.

Ach so, wenn Sie noch handeln können, vermeiden Sie, in so eine Falle zu tappen – einige Tipps haben Sie ja in diesem Buch bekommen. Denn: Insolvent zu sein macht überhaupt keinen Spaß, sondern ist mit einer Menge Unannehmlichkeiten verbunden. Die Eröffnung eines Kontos wird so gut wie unmöglich. Selbst einen Handyvertrag bekommen Sie nicht mehr, es geht nur noch Prepaid. Kreditkarte? Können Sie völlig vergessen. Unter solchen Umständen ist es auch nicht mehr gerade leicht, selbständig zu bleiben oder mit einer neuen Geschäftsidee durchzustarten. Mein Tipp gilt also nur für den Extremfall, für vorbeugende Maßnahmen bitte die ersten Kapitel lesen.

Partnerschaftsdurststrecke

Ich bräuchte einen Geschäftspartner.

Kerstin kam nicht in die Hufe. Zwar verzeichnete sie einen halbwegs guten Gewinn, konnte von ihrer Arbeit leben, aber zufrieden war sie nicht. Sie wollte mehr und vor allem auch die Honorare deutlich erhöhen. Doch allein fehlte ihr der Biss, der Ehrgeiz, die Willenskraft. Ein Partner sollte her! Sie erzählte überall von ihrem Wunsch, schickte ihren Bekannten sogar eine kleine Suchanzeige. Schließlich fand sie in einem Seminar einen männlichen Vertriebler, der begeistert war von ihrer Idee und das hatte, was ihr so sehr fehlte: Struktur und den absoluten Willen, voranzukommen. Viele Selbständige wünschen sich nach einigen Jahren im Business jemanden, der sie unterstützt und die Schlagkraft erhöht. Doch so jemand ist nicht leicht zu finden. Zwar gibt es immer Freunde und Kollegen, die den Finger hochheben, wenn es darum geht, den Wunsch nach Selbständigkeit abzufragen. Jedoch sind diese oft kaum aus ihren bestehenden Arbeitsverhältnissen zu lösen. Man könnte auch den Spruch zitieren: „Oft ist der Wunsch Vater des Gedankens." Heißt: Wenn es ernst wird, verdünnisieren sich diese Kandidaten gern. Das gleiche gilt für viele Seminarbekanntschaften und sonstige Kontakte, die einem so über den Weg laufen.

Hinderlich ist die Neigung vieler Unternehmer, nach jemandem zu suchen, mit dem sie auch befreundet sein wollen. Darum geht es oft nicht. Ein Partner, der andere Kompetenzen hat als Sie selbst, ist viel wertvoller – eine gute Ergänzung eben. Schauen Sie also mit anderen Augen auf Ihre Kontakte. Prüfen Sie die Ernsthaftigkeit direkt und mit einem kleinen Leitfaden. Vorsicht ist immer dann geboten, wenn die Ziele des potenziellen Geschäftspartners nicht mit den Ihren übereinstimmen. Wenn der eine sich zum Beispiel eher selbstverwirklichen möchte und der andere Geld verdienen will, stehen Sie einander deutlich im Weg. Lassen Sie Ihr Gespräch über die Passgenauigkeit von Wünschen und Zielen von einer externen Person moderieren. Wenn Sie freundschaftlich unter vier Augen mit jemandem sprechen, führt das leicht zu erwünschten Antworten oder Fehlinterpretationen.

Ein Moderator wird dies differenzieren können, zum Beispiel indem er Sie getrennt befragt zu:

- Zielen: Was möchte ich mit der Unternehmung erreichen? Hier ist es hilfreich, die Antworten zu gewichten, also mit einer Hitliste von 1 bis 5 zu bewerten.
- Persönlichkeit: Was kann und will ich einbringen? Auch hier ist eine Gewichtung zentral.
- Erfahrungen: Was kann und will ich einbringen? Wiederum ist eine Gewichtung zentral.
- Mittel: Wie viel bin ich bereit zu investieren? Das kann sich auf Erstinvestition und weitere Einzahlungen beziehen, außerdem auf Kosten z.B. für die Gründung einer GmbH.

Mein Geschäftspartner und ich streiten viel.

Zusammenarbeiten ist schon schwer, ein gemeinsames Unternehmen zu führen noch viel schwerer. Regeln Sie klare Verantwortlichkeiten entlang der Kompetenzen. Wenn ein Partner vertriebsstark ist, liegt es nahe, dass dieser sich auch um alles kümmert, was mit Kundengewinnung und -bindung zu tun hat. Wenn der andere ein Händchen für Zahlen hat, so sollte er dieses beim Rechnungswesen und dem Controlling auch anwenden. Stellen Sie sich vor, Sie müssten Hüte vergeben. Definieren Sie die verschiedenen „Abteilungen“ in Ihrem noch so kleinen Unternehmen. Meist gibt es zumindest

- Marketing/PR, Vertrieb,
- Rechnungswesen,
- Controlling,
- den Zentralbereich, die Organisation,
- manchmal auch noch ein Personalwesen
- und die Technik/IT.

Malen Sie Ihre Hüte farbig an und verteilen Sie sie. Wenn sich Neigungen überschneiden, entscheiden Sie sich für ein Rotationsprinzip nach dem Motto: Jeder darf mal. Vermeiden Sie aber das Zu-viele-Köche-Problem – die verderben den Brei. Ein Bereich ist jedoch immer ein gemeinsamer: die Strategie und Unternehmensentwicklung. Die sollten Sie immer gemeinsam festlegen. Natürlich ist es wichtig, sich auch über die anderen Themen auszutauschen, aber im operativen Tagesgeschäft ist es besser, wenn einer das Sagen hat und sich nicht wegen jeder Kleinigkeit abstimmen muss.

Schalten Sie bei einer partnerschaftlichen Gründung am besten von Anfang an einen externen Moderator ein, der alle vier bis sechs Wochen die aktuelle Situation bespricht und dabei auch die Entwicklung der Zusammenarbeit der beiden Partner im Visier behält. So kommen Aggressionen erst gar nicht auf, und Ärger kann sich nicht aufstauen, sondern regelmäßig abgelassen werden.

Ist das Kind einmal in den Brunnen gefallen, hilft ein externer Mediator. Das ist ein „Streitschlichter", der bestimmte Methoden gelernt hat, um zwei oder drei Streithähne wieder an den gemeinsamen Tisch zu bekommen. Je nach Eskalationsphase kann er auch Trennungsgespräche moderieren, in denen geregelt wird, wer zum Beispiel den Namen weiterführen darf, was finanziell passiert etc. Wenn Sie einen Mediator suchen, finden Sie ihn zum Beispiel über www.mediator-finden.de oder den www.bmev.de.

Veränderungswüste

Ich bin krank.

Wär ich doch bloß angestellt! Wenn sie krank werden, kommen auch überzeugte Selbständige ins Wanken. Erst recht, wenn es sich um eine langwierige Krankheit handelt, die es ihnen schwer macht, die bisherige Tätigkeit auszuüben, vielleicht sogar unmöglich.

Karin ist in so eine Situation gekommen. Im zweiten Jahr ihrer Selbständigkeit erhielt sie die Diagnose Brustkrebs. Eigentlich sollte sie danach weniger arbeiten, kürzertreten. Das war jedoch unmöglich, weil das Geld reinkommen musste. Jetzt nach einer Festanstellung zu suchen, machte wenig Sinn. Wer stellt schon jemanden ein, der krank ist? Wolfgang hatte einen Unfall und musste danach erst einmal ein Jahr in die Reha. Arbeiten? Unmöglich für den Unternehmensberater.

Was passiert in solchen Situationen, an die kein Unternehmer denkt und die man selbst seinem besten Feind nicht wünscht?

Wenn Sie in einer gesetzlichen Kasse versichert sind, haben Sie Anspruch auf ein Krankentagegeld ab dem 43. Tag. Während bei Angestellten in dieser Zeit der Arbeitgeber einspringt, müssen Selbständige die 42 vorherigen Tage selbst finanzieren. Alternativ gibt es Wahltarife. Die Konditionen sind flexibel: So haben etwa Versicherte der Barmer die Wahl zwischen einer Zahlung vom 15. oder auch 22. Tag der Arbeitsunfähigkeit an. Je früher die Versicherung zahlt, desto höher der Beitrag. Auch die Höhe des Krankengelds kann vereinbart werden, jedoch dürfen Sie nur Ihr tatsächliches Nettoeinkommen versichern.

Besonders hohe Einkommen lassen sich auch nicht so ohne Weiteres absichern: Bei der Techniker Krankenkasse (TK) liegt die Höchstgrenze bei 200 Euro Krankentagegeld, die Barmer versichert sogar nur 70 Prozent des Einkommens, maximal 85,75 Euro pro Tag. Eine Karenzzeit gibt es nicht. Das bedeutet, dass Sie ab dem ersten Tag der Versicherung auch den Schutz genießen.

Einfluss auf den Tarif haben auch das Alter und eine mögliche Begrenzung der Leistungsdauer. Die TK beschränkt das Krankengeld in bestimmten Tarifen auf 26 Wochen innerhalb von drei Jahren, bei anderen Tarifen sind es 78 Wochen. Die Kosten liegen so zwischen 15 und 50 Euro im Monat.

Wer privat versichert ist, hat einen solchen Normaltarif nicht. Er muss alles extra versichern. Und erfahrungsgemäß ist es bei den privaten Kassen besonders schwer, zu belegen, dass man nicht mehr beraten oder einer kreativen Tätigkeit nachgehen kann. Selbst ein Zahnarzt kann mit gebrochenem Bein noch Zähne ausbessern. Die Versicherer zahlen aber nur, wenn der Versicherte seine berufliche Tätigkeit „in keiner Weise ausüben kann“ – also auch nicht mit dem Telefon in der Hand seinen Mitarbeitern Anweisungen erteilen kann.

Für Karin gibt es deshalb keine Unterstützung. Da sie zwar einen Schwerbehindertenausweis bekommt, aber keinen Anspruch auf Erwerbsminderungsrente hat, muss sie weiter ihr Geld verdienen, auch wenn es gesünder wäre, kürzerzutreten.

Selbständige erhalten nur dann die Erwerbsminderungsrente, wenn sie fünf Jahre Beiträge in die Rentenkasse eingezahlt haben, außerdem darf die letzte Zahlung nicht länger als drei Jahre zurückliegen. Die Erwerbsminderungsrente wird übrigens frühestens nach sechs Monaten ausgezahlt, so dass sie für vorübergehende Erwerbsminderung nicht interessant ist. Deren Höhe hängt vom Bruttoeinkommen ab. Es handelt sich um rund 870 Euro bei voller Erwerbsminderungsrente (nur weniger als drei Stunden Arbeit täglich möglich) und um die Hälfte bei halber Erwerbsminderungsrente (drei bis sechs Stunden).

Eine Alternative wäre für Karin eine Berufsunfähigkeitsversicherung, die auch dann einspringt, wenn Sie wieder stundenweise arbeiten können. Allerdings ist eine Berufsunfähigkeit bei wissensorientierten Arbeiten vergleichsweise schwierig nachzuweisen. Viele Tätigkeiten lassen sich eben auch mit gebrochenen Armen und Beinen und sogar „halbblind“ ausüben.

Eine spezielle Versicherung für schwere Krankheiten nennt sich „Dread Desease“. Sie sichert zum Beispiel Krebs oder Schlaganfälle ab. Anders als bei einer Berufsunfähigkeitsversicherung wird bei Eintreten einer der im Vertrag definierten Krankheiten kein Monatsbeitrag, sondern eine Einmalzahlung ausgelöst. Diese ist auch unabhängig davon, ob Sie nach der Krankheit wieder ganz oder teilweise arbeiten.

Wenn alle Stricke reißen und auch kein Privatvermögen da ist, hilft nur noch ein Gang zum Jobcenter, der ARGE, die hilfsbedürftigen Personen „Hartz IV“ gewährt.

Jede geht anders damit um. Ich habe einmal eine Frau erlebt, die bereits einen Tag nach der Geburt ihres Kindes zu einer Besprechung mit ihrem Auftraggeber gekommen ist. Ich saß neben ihr; wir alle konnten das irgendwie nicht fassen, waren einfach überrascht, wie souverän sie damit umging. Sie sprach auch gar nicht über die Geburt oder ihre anderen drei Kinder. Sie blieb rein auf der sachlichen Ebene. Damit sind wir auch schon beim Geheimrezept erfolgreich selbständiger Frauen: Sie machen keinen Wind um ihren Zustand. Sie sagen auch nicht, dass sie nachmittags beim Kind sein müssen, wenn sie Termine nicht wahrnehmen können. Sie sagen einfach, dass der Termin leider nicht passt. Warum? Nur so bewahren Sie Ihre Professionalität. Männer würden auch kaum von ihren Kindern sprechen, wenn es um Geschäftliches geht. Das heißt nicht, dass sie sie verschweigen sollen. Die Gefahren einer zu großen Mütterlichkeitsshow sind aber offensichtlich. Ich selbst habe einmal den Riesenfehler gemacht, meinen Sohn, dessen Kindergarten unerwartet geschlossen war, neben mir ihm Büro sitzen zu lassen. Er störte den Kundentermin mehrmals. Mir war das unangenehm und der Kundin auch. Es blieb das einzige Mal. Wenn Sie zu sehr „Mutter“ sind, signalisieren Sie außerdem „weniger Geschäftsfrau“. Das ist vielleicht sympathisch, wirkt sich aber negativ auf Finanzen und Verhandlungen aus.

Jede Frau muss ihre Schwangerschaft so weit in ihre Tätigkeit integrieren wie sie das möchte. Ich will Ihnen das Beispiel meiner Kollegin, die einen Tag nach der Geburt wieder arbeitete, nicht als Nonplusultra vor die Nase halten. Ich denke, dass sie das auch gestresst haben muss (und für mich ist bis heute die Frage offen, ob das eine Hausgeburt war oder im Krankenhaus stattgefunden hat – dann wäre eine so frühe Entlassung sicher auf eigene Gefahr gewesen). Nein, wenn Sie eine Zeitlang pausieren möchten, ist das Ihr gutes Recht. Freiberufliche Ärzte können dies relativ einfach lösen, indem sie eine Vertretung in ihre Praxis bestellen. Andere Selbständige haben es da etwas schwerer, aber Vertretung ist ein nahe liegendes Modell. Alternativ kündigen Sie an, dass Sie im Zeitraum von–bis nicht verfügbar sind. Ob Sie den Grund nennen oder nicht, würde ich von der persönlichen Beziehung abhängig machen. Es besteht durchaus die Gefahr, dass männliche Kollegen Sie abhaken, wenn Sie von Schwangerschaft hören und insgeheim denken: Na, dann wird sie jetzt die nächsten zwei Jahre nicht verfügbar sein (während Sie vielleicht nur drei Monate planen).

Vielleicht können Sie Ihre Aufträge auch so organisieren, dass niemand mitbekommt, dass Sie weg sind. Das geht mit Mitarbeitern oder freiberuflichen Partnern, die Ihre Aufträge übernehmen, was die Auftraggeber ja nicht wissen und mitbekommen müssen. Mit Kind können gerade Freiberuflerinnen ihre Aufträge sehr flexibel steuern. Eine Freundin von mir hat erst einen halben Tag, dann zwei, schließlich drei von zuhause gearbeitet. Sie hatte dazu ein Gartenhaus zum Büro umgebaut, um in den Arbeitszeiten auch wirklich nicht gestört zu werden. Inzwischen sind die Kinder alle auf einer weiterführenden Schule und sie hat sich in einer Bürogemeinschaft eingemietet.

Literatur

Das Geheimnis erfolgreicher Firmen. Warum die meisten kleinen und mittleren Unternehmen nicht funktionieren und was Sie dagegen tun können, accord Unternehmensentwicklungsgesellschaft 2002

Faltin, Günther: Kopf schlägt Kapital. Die ganz andere Art, ein Unternehmen zu gründen, Hanser 2010

Friedrich, Kerstin/Malik, Fredmund/Seiwert, Lothar: Das große 1x1 der Erfolgsstrategie, Gabal 2009

Gladwell, Malcolm: Tipping Point. Wie kleine Dinge Großes bewirken können, Goldmann 2002

Hall, Stacey/Stringer, Jan: Das Leuchtturm-Prinzip. Wie Sie die richtigen Kunden gewinnen, Gabal 2006

Hofert, Svenja: Das Slow-Grow-Prinzip. Besser langsam wachsen als schnell untergehen, Gabal 2011

Hofert, Svenja: Existenzgründung für Berater, Trainer, Coachs, Gabal, 2. Auflage 2011

Hofert, Svenja: Praxisbuch Existenzgründung, 2. Auflage Eichborn 2010

Hofert, Svenja: Praxisbuch für Freiberufler, 2. Auflage Eichborn 2010

Kim, W. Chan Kim/Mauborgne, Renee: Der blaue Ozean als Strategie. Wie man neue Märkte schafft, wo es keine Konkurrenz gibt, Hanser 2007

Lutz, Andreas: Darlehen und Kredit. Wie und wo sich junge Unternehmen Geld leihen können, Linde 2009

Lutz, Andreas: Jetzt sind Sie Unternehmer, 4. Auflage Linde 2011

Merath, Stefan: Der Weg zum erfolgreichen Unternehmer. Wie Sie und Ihr Unternehmen neue Dynamik gewinnen, 4. Auflage Gabal 2008

Sawtschenko, Peter/Herden, Andreas: Rasierte Stachelbeeren: So werden Sie Nr. 1 im Kopf Ihrer Zielgruppe. Branding – Erfolgreiche Marken-Positionierung für kleine und mittelständische Unternehmen, Gabal 2000